厦门文学艺术人物系列专辑
厦门市文学艺术界联合会 编

舞蹈家 艺术教育家

种俐俐

中国文史出版社

图书在版编目（CIP）数据

舞蹈家、艺术教育家种俐俐 / 厦门市文学艺术界联
合会编. -- 北京 ：中国文史出版社，2023.12
（厦门文学艺术人物系列专辑）
ISBN 978-7-5205-4298-2

Ⅰ．①舞… Ⅱ．①厦… Ⅲ．①种俐俐－事迹 Ⅳ.
①K825.76

中国国家版本馆CIP数据核字(2023)第178068号

责任编辑：刘华夏
小传撰稿：赵　崇

出版发行：**中国文史出版社**

社　　址：北京市海淀区西八里庄路69号院　　邮编：100142
电　　话：010－81136606　81136602　81136603　81136605（发行部）
传　　真：010－81136655
印　　装：厦门中天华成文化传媒有限公司
经　　销：全国新华书店
开　　本：787mm×1092mm　1/16
印　　张：11.75
字　　数：168 千字
版　　次：2024年2月北京第1版
印　　次：2024年2月第1次印刷
定　　价：90.00元

总序

素有"海上花园"称誉的厦门四季如春，人文荟萃。

新中国成立以来，尤其是建设经济特区以来，厦门市委、市政府一手抓经济建设，一手抓文化建设，全市文艺事业生机勃勃、硕果累累，文学、戏剧、电影、电视、音乐、舞蹈、美术、摄影、书法、曲艺及民间文艺等领域，呈现出繁花似锦、姹紫嫣红的生动局面，涌现出许多优秀作家、艺术家。这些文艺界代表人物对厦门的文艺事业做出过积极贡献，产生过积极影响，为厦门文化建设注入了丰富的内涵，是不可多得的文化资源和精神财富。

为了进一步贯彻落实党的文艺方针政策，传承与发展厦门市文艺事业，推动厦门文化大发展大繁荣，厦门市文联决定编辑出版《厦门文学艺术人物系列专辑》，以音像和图文记录的方式，生动再现厦门文艺界代表人物的亮丽风采，总结他们毕生从事文艺创作的宝贵经验。

我们希望，这套系列专辑的出版发行，能让更多的人近距离、多视角地了解厦门文艺事业的发展，更亲切地感受厦门文艺界人物的无私奉献和辛勤努力。

我们相信，先人匠心独运的艺术创造将成为后人的精神资源，前辈攀登的高峰将成为后辈接力前行的起点。

江山代有才人出，我们正经历着一个伟大的时代，而伟大的时代又必然催生伟大的文学艺术作品和优秀的作家、艺术家。一切有理想有抱负的文艺工作者，都要担起时代赋予的神圣使命，更加自觉、更加主动地追求德艺双馨，更好地履行人类灵魂工程师的神圣职责，积极投身于高质量的厦门建设，努力创作出无愧于我们这个朝气蓬勃时代的精品力作。

《厦门文学艺术人物系列专辑》编委会

目录

第一辑　小传

　　种俐俐，1957年出生于甘肃兰州，中共党员，中国舞蹈家协会会员、国家一级导演，历任兰州市歌舞团副团长，甘肃省舞蹈家协会副主席，厦门艺术学校常务副校长，厦门小白鹭民间舞团党支部书记、团长、艺术总监，厦门市舞蹈家协会主席。当选福建省第十届、第十一届人民代表大会代表，被评为厦门市劳动模范、福建省巾帼文明标兵、福建省文化系统先进个人，荣获改革开放30年中国艺术职业教育优秀教师奖。现任厦门市舞蹈家协会名誉主席。

上篇　在兰州

向舞而生

那是一个鼓足干劲、力争上游的火红年代。

那是一个自力更生、奋发图强的跃进年代。

1957年9月29日，在举国上下欢庆中华人民共和国成立八周年前夕，甘肃省兰州市西北民族学院附属医院里，伴随着欢庆的锣鼓，种俐俐呱呱坠地。

父亲种肇煦、母亲张培侠、大哥种联德、姐姐种联平、二哥种联成，再加上种俐俐，一共六口，组成了温馨幸福的一家。父母得知怀上种俐俐的时候，一度有放弃的想法——家里已经有三个孩子，再加上工作繁忙，哪有时间照顾？后来大家劝说："你们已经有两儿一女了，这次再生个女孩就十全十美了。"父母经反复思量，决定再难也要生下来，还要生个漂亮的女孩。种俐俐就是在这样的期盼下降生的，圆了父母亲的梦，给这个家带来了无尽的喜悦和欢乐，父母亲和哥哥姐姐都对她关怀备至、疼爱有加。

▲ 种俐俐全家福（前排左起：二哥种联成、母亲张培侠、种俐俐、父亲种肇煦、姐姐种联平，后排：大哥种联德）

▲ 种俐俐1周岁

▲ 种俐俐3周岁

在种俐俐的记忆中，父亲身材清瘦高大，脸颊清逸俊朗，戴一副眼镜，严肃认真、不苟言笑的神情让人心生敬畏，可谓是"老派"知识分子。他是西北民族学院（现更名为西北民族大学）的筹建者之一，在1950年7月，他就和母亲带着大哥和襁褓中的姐姐，从西安坐上大卡车，一路风尘仆仆地来到兰州，加入支援西北的队伍。

▲ 年轻时的种肇煦

种肇煦是1912年生人，籍贯陕西省临潼县，曾就读于北京大学西文专业，在校期间，较早地接受了进步思想，编写、印刷、校对和发行进步书刊，积极参加了中国共产党领导的抗日救亡运动，加入"反帝大同盟"、中国共产主义青年团，参加"一二·九"示威游行，营救被敌人逮捕的进步青年学生和地下党员，协助其他进步学生译印了美国记者斯诺的 Red Star Over China（出版时译为《西行漫记》），进行抗日救亡宣传活动。

自1939年回陕西从事教育工作到1949年，这十年间，种肇煦根据中共地下党组织的指示，利用教员、教育主任、校长等合法身份，积极开展革命工作，掩护了崇实中学、临潼县立中正中学等学校地下党组织，并为往返延安的地下党做了大量的辅助工作。新中国成立后，他投身西北民族学院的筹建工作，在党的教育下，为党的教育事业做出贡献，先后任临潼县华清中学校长，西北民族学院教育处副处长、语文系主任、图书馆馆长。

种肇煦一生追求进步，矢志不渝地为党和人民的教育事业而忘我工作。在父亲崇高品质的熏陶下，种俐俐自小就梦想着长大也像父亲那样，做一个有益于人民的人，度过有意义的一生。

母亲张培侠是1929年生人，她的出生地一直是萦绕在她心中的阴影。她朦胧中记得，8岁那年，她随父母从山东碾庄逃荒到郑州，之后母亲难产血崩，命悬一线。为了给母亲治病，她被卖给了郑州开药铺的张家，成了张家的养女，之后又随张家迁徙到陕西渭南，至此就与亲生父母天各一方，再无音信。童年的不幸遭遇赋予了张培侠善良温和、豁达开朗、行事果敢的个性。她于1950年参加工作，成为学院附属保育院的一名保育员，后又转入学院家属委员会工作。

▲ 中年时的张培侠

▲ 种俐俐父母合影

成家之后，张培侠一边工作一边操持家务，洗衣做饭，缝缝补补，家中的一切都打理得井井有条，她用温馨的母爱和辛劳的汗水将4个孩子拉扯大。种俐俐从母亲身上学到了善良无私、吃苦耐劳、关爱他人的品质。

西北民族学院坐落在黄河之滨龙尾山下，是新中国成立后创建的第一所民族高等院校。校园里湖水荡漾、假山突兀，八角亭、十二角亭以及绿色琉璃瓦的教学楼、办公楼、图书馆、大礼堂布设其中，这些美轮美奂的建筑，在红花绿柳的映衬下就像是一个美丽的大花园。

▲ 童年的种俐俐和二哥种联成在西北民族学院合影

▲ 兄妹四人合影（右起：种俐俐、种联成、种联平、种联德）

▲ 种俐俐兄弟姐妹四人在西北民族学院合影

种家就住在西北民族学院的教工宿舍区，那里是种俐俐的童年乐园。

在这个大院里，除了美不胜收的景色和浓郁的学术氛围以外，还弥漫着浓郁的民族民间舞蹈艺术的气息。

学院附属的民族歌舞团（甘肃省歌舞剧院前身），每逢节假日都会举办联欢活动或在大礼堂上演节目，把多姿多彩的民族舞蹈呈现给师生。风格各异的歌舞表演深深地触动着种俐俐幼小的心灵，自懂事起，她就情不自禁地喜欢上舞蹈，除了一场不落地观看演出之外，放学后只要有时间、有机会，她就和任燕燕、曹家坞、孙晓玲等几位小伙伴跑到歌舞团，隔着练功厅的玻璃窗户看演员练功、排练，还偷着学，模仿着练。小学还没有毕业，她们居然无师自通地掌握了很多舞蹈基本功，像踢腿、劈叉、下腰、车轮、旋子等都学得有模有样，甚至还能够跳上几段民族舞。

这几个小小舞蹈"发烧友"，每天在一块儿练功，交流最新的演出动态，都梦想成为舞蹈家，有朝一日能登台表演。一天，好消息传来，甘肃省歌舞团正在招募新演员，有舞蹈基础的人都可以去应试，大家都一哄而上，报考去了，但结果却令人沮丧。由于当时形体素质并不那么出类拔

▲ 2017年，种俐俐（右）和二哥种联　▲ 闺密三人照（左起：任燕燕、孙晓玲、种俐俐）
成在西北民族学院旧大门前合影

萃，没有纤细的大长腿，在两颗大门牙中间还另长了一颗龅牙，种俐俐落选了。几位"发烧友"中，只有曹家坞考上。

败兴而归，却没有浇灭种俐俐的舞蹈梦想，她仍是练功、跳舞。母亲深感意外，平时那么娇气、老是趴在自己怀里撒娇的女儿，竟然能吃得了压腿练功的苦！而在父亲这个老派知识分子的眼里，跳舞并不算是正经的事业，他希望孩子好好学习，以后最好能当老师，便对女儿说道："你有这个闲工夫，应该跟我到图书馆看书学习去，别跳了！"但种俐俐并没有灰心，她练功比之前更勤了，只是每次都要瞒着父亲。

机会总是留给有准备的人。1970年，种俐俐13岁，刚升入初中，就得到兰州市样板戏学习班纳新的消息。她背着家里人，偷偷为舞蹈梦"再战"。当时的考官侯卫东团长看到种俐俐的表演，马上就被她的表演吸引住了，觉得这个孩子年纪不大，胆子倒很大，极富表现力。但他尚有些犹豫，说道："你这龅牙很影响形象啊……"

种俐俐眉毛一挑，大声应道："只要你们要我，我马上去把它拔掉！"

就这样，种俐俐被兰州市样板戏学习班录取了。得知喜讯后，怕父亲反对，种俐俐只告诉了母亲，并交代母亲一定要做好父亲的思想工作。母亲万分不舍，哪能让孩子这么小就离家呢？但她最后还是架不住女儿的软磨硬泡，只好答应陪种俐俐到位于兰州城隍庙的学习班报到。一路上，母亲还一直唠叨着："要不然咱别去了，你现在后悔还来得及！"铁了心的女儿坚定地回答："我不会后悔的，我一定要去！"

父亲下班回家后才知道这件事，再责怪母亲也于事无补了，只是沉默不语了好几日……

种俐俐终于开启了梦寐以求的舞蹈生涯。当大幕徐徐拉开，掌声响起，她的欢乐油然而生……

她热爱舞蹈，这是她一生不变的初心。

▲ 2013年，兰州市歌舞团40周年团庆时，种俐俐（一排左四）与曾经一起工作的老同志们合影（二排右五：侯卫东）

不谢之花

　　1971年，刚满14周岁的种俐俐，与兰州市样板戏学习班全体学员一道赴陕西省歌舞剧院，开展为期半年的学习，准备筹演大型芭蕾舞剧《白毛女》。

　　种俐俐是全团最小的演员，加之性格开朗活泼、机灵懂事，受到大家的喜爱与呵护。张曼石和孙燕凤两位老师也很看好她。排演《白毛女》时，她用功刻苦、表现突出，虽然因刚入行还比较稚嫩，但是老师认为她具有主演的潜质，便着力培养，先安排她在喜儿C组做备用主角。种俐俐备受鼓舞，更不甘于现状，暗下决心：要做就做最好的。她年纪最小，但也最刻苦，每天在练功厅一待就是十五六个小时。正是炎炎夏日，空气如火炉般灼热，让人透不过气来，练功时手一扶把杆，汗就顺着双肘往下流。头上、腰间长了疖子，但她咬着牙、忍着痛，继续练；练芭蕾舞基本功立脚尖时把脚指甲磨掉了，鲜血直流，包扎好后仍是继续练。后来练功鞋又将脚后跟勒出了一道大血印，溃烂了，她还是不声不响地接着练。芭

▲ 兰州市样板戏学习班全团在黄庙合影

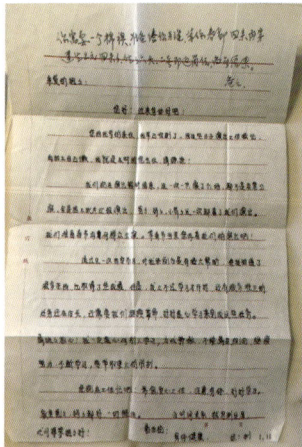

▲ 种俐俐写给姐姐的信，信上有父亲种肇煦的亲笔题字

蕾舞鞋被血染成斑驳的红色，她只怪自己，为什么皮肉生得这么嫩？为什么脚后跟长得这么平滑？老师看着她颤抖的双腿，知道她已经到了身体的极限，强行让她休息，她仍然不肯，又偷偷地跑回练功房，流着泪对老师说："我喜欢舞蹈！"

与刻苦训练相伴而来的是飞速成长，她从C组被调到B组，不久后又被调到A组，成为正式的主演——终于脱颖而出了。

1972年，《白毛女》在西安市钟楼脚下的人民剧场首演。15岁的种俐俐第一次登上这样高规格的舞台表演大型芭蕾舞剧，演的还是主角喜儿——她的艺术生涯起点就在高处。演出大获成功，观众反响热烈。学习

▲ 《白毛女》在农村演出

班准备荣归故里，定在兰州剧院公演。演出在有序筹备中，前期宣传已经展开，西关十字挂着种俐俐的巨幅剧照广告，亲友们都为她高兴。父亲听说后，在家人的陪伴下专程到广告前参观，"美得很，真是行行出状元呐！"这位老知识分子对舞蹈艺术的偏见也荡然无存了。父亲和家人们都看了演出，《白毛女》成了当时兰州市最热门的演出，场场爆满，掌声雷动。看着热情的观众，种俐俐感到前所未有的幸福。

然而，演出成功的欢乐余波还在荡漾，家里却传来了噩耗：3月18日，父亲离世，终年60岁。她还没来得及问父亲，自己算不算得上是对人民有益的人，父亲会不会为自己骄傲，父亲就永远地离开了！三天后，当全家人还沉浸在悲痛中，《白毛女》又要演出了。种俐俐带着悲伤，全情

投入演出。其中，有一场喜儿哭爹的戏，她在台上哭得真切，泪痕满面，演员们在后台也被她的情绪感染，跟着哭起来，哭喜儿的命运，也哭种俐俐小小年纪没了父亲。家里少了父亲这座大山，凡事更要靠自己努力，种俐俐在丧父之痛中，一夜之间长大了、成熟了。

1973年，以样板戏学习班为基础的兰州市歌舞团正式成立了，16岁的种俐俐成为兰州市歌舞团的主要演员。《白毛女》的成功让她在兰州市声名鹊起。1976年5月22日，《甘肃日报》曾报道过种俐俐的事迹，称其"在革命现代舞剧《白毛女》中较好地表现了贫农女儿喜儿的典型形象。几年来，她不管是下乡还是下厂，不管是在冰封雪盖的山村，还是在烈日炎炎的工地，都认真地为人民群众演出"。"冬天，在榆中县南山地区演出时，正是风雪严寒的季节，青年演员们坚持在寒风刺骨、大雪铺地的环境里演出，为了不损害英雄人物的形象，小种怀着一颗为人民服务的火热的心，穿着单衣为贫下中农演出。不少贫下中农看了感动地说：'这么冷的天，你们还送戏上门，演出又那么认真，你们真是全心全意为着工农兵啊！'"

此后，她担纲了团里的主要角色：大型芭蕾舞剧《红色娘子军》中勇敢顽强的吴清华、民族历史舞剧《小刀会》中智勇双全的周秀英、舞剧《鱼美人》中美丽温婉的鱼美人、古典芭蕾舞剧《天鹅湖》中的"白天鹅"奥吉塔……种俐俐塑造了众多深入人心的舞台形象，成了团里的"台柱子"，每次演出都得到观众座无虚席的热情响应，她在当地文化界成了名人，媒体赋予她"甘肃舞蹈皇后"的美称。

当演员期间，有许多小事令她记忆犹新，在练功的苦和登台的甜之间增添了情味，点缀了她的生活。

舞团的主要男演员陈易忠，在饰演《白毛女》的大春后，被团员亲切地称呼为"大春"，是她的"铁杆"舞伴，只要是舞剧都少不了托举的动作，从《白毛女》《红色娘子军》一直托举到《天鹅湖》。一天，正处在青春期"喝凉水都长肉"的种俐俐，发现原来的细腿不知什么时候起忽然变粗了，想到舞伴在排演《鱼美人》时，每次做完托举都满头大汗的样子，她不禁惶恐不安起来。排练结束后，别人都去吃饭了，她

▲ 2005年，老友相聚厦门（右起：陈义宗、陈易忠、种俐俐、优秀舞者王少敏）

却留在练功厅里，把塑料薄膜捆在腿上，外面再套上线裤后，使劲地腾跳、旋转，加大运动量，为的是大量出汗，让自己苗条一些。大春是她的"体重秤"，托举完，她都要难为情地问大春："我是不是很重？"大春仗义、从容地答复她："没事，再重我也举得动。"

种俐俐从小身体不好，有气管炎，严重时会发展为哮喘，母亲为她操碎了心。每到春节时，人们都忙着备年货，而母亲却要带着她到医院看病、备药。可自从她与舞蹈结缘后，就像变了一个人，吃苦耐劳，排除万难，让家人们都感到吃惊！在《小刀会》周秀英劫法场一幕，她得连续起舞，在打完一排串翻身之后定下，以威严的气势镇住全场。可在跳完后，她喘得上气不接下气，根本静不下来。为了提高体能，她每天6点起床，围着文化宫的操场跑步10圈，最后竟把哮喘的毛病治好了，成功塑造了周秀英的英勇形象，在接受《中国妇女》杂志的采访时，种俐俐说道：

"干我们这行的，就得流汗，汗流得越多，艺术之花才能开得越艳！"记者评价她是"一朵不谢的小花"。种俐俐年少成名，是汗水的灌溉让她的艺术之花绽放为最绚丽的模样。

▲ 1981年，母亲张培侠到北京看望种俐俐（右），游览颐和园时留影

春风入梦

　　1978年11月28日，中共西北民族学院委员会隆重召开追悼大会，为父亲种肇煦平反，种俐俐前行道路上的云雾散开，展现出更广阔、更光明的天地。

　　1980年，种俐俐代表甘肃队去大连参加全国第一届舞蹈比赛。到达后本想好好休息一下，可她看到许多参赛选手下车后把行李放在走廊上，就在过道里练功了。再看演出，他们功底之硬厚、技艺之娴熟，令人惊叹不已。她越看心里越焦灼不安，人家的事业心真强，在艺术上倾注的汗水比自己多！在这次比赛中，她虽然以《胡旋舞》荣获表演鼓励奖，但是她并不感到高兴，回来后更加努力，舍不得浪费一点时间。

　　在见识过全国舞蹈精英后，种俐俐想提升自我的愿望在脑中不断盘

▲ 种俐俐赴农村小分队演出合照（左五：种俐俐）

旋。她一直有个梦想，到中国最高的舞蹈殿堂——北京舞蹈学院深造。但多年来，作为团里的主要演员，她承担着繁重的演出任务，无暇参加北京舞蹈学院的考试，与入学机会擦肩而过。

1982年夏天，南风吹拂，万物欣欣向荣。种俐俐听闻一个好消息，北京舞蹈学院民间舞表演专业还要补招学生。掐指算了时间，她发现，完成这次外地巡演后，刚好能抽空到北京参加补招考试。想到这里，她兴奋万分，马上和舞团提出申请，舞团领导也非常支持，同意她带薪学习。

演出一路去了很多地方，从天水到平凉，最后到了宝鸡。想到自己离首都北京越来越近了，马上有机会实现自己的梦想，她的心里满是兴奋与喜悦。

刚踏上从宝鸡开往北京的火车，她就得到北京传来的通知，第二天就要进行考试。北舞的老师们都看好她，特别是时任表演系主任马力学老师，认为她肯定能考上，不必太紧

▲ 1982年，种俐俐（一排左一）在北京舞蹈学院进修一年

张。但是，种俐俐希望以最好的姿态出现在老师们面前，下火车后，刚踏进北京舞蹈学院的校门，她就开始练习考试内容，直到深夜。然而，天不遂人愿，在练习高难度动作时，由于过度劳累，她腰椎扭伤，无缘参加补招考试。

又一次与梦想擦肩而过，种俐俐无法面对这样的现实，在北京治疗的时候躺在床上无法动弹，只能每日以泪洗面。"我要上学！我不回去了！"母亲张培侠火速赶到北京照料她，临行前，二哥交代母亲："一定要把她劝回来啊！"可惜张培侠没有完成这一个"艰巨"的任务。种俐俐

下定决心要做的事情是十头牛也拉不回来的。

出院后，北舞的老师告诉她，学院正在开展进修的项目，虽然不是学历教育，但是能在学校学习提高不也很好吗？种俐俐听从了老师的建议，参加了为期一年的学习，在校主修基本功、民族民间舞、古典舞，学习了多个独舞剧目。在校学习期间，她感受到了校园积极和谐的学习氛围，圆了一回大学梦，但是没有获得正式的学历证书也成了她心里的一大遗憾。

此时，种俐俐并没有意识到，一道耀眼的光芒即将照进她的生活。

岁月不饶人，1983年，种俐俐已经26岁了。与她同时进团的小伙伴，大多结了婚、成了家，可是为了艺术，她还没来得及考虑这些，依然一个人扎在练功房里，从不知疲倦。为了更好地充实自己的表演艺术，她又学起了外语，练钢琴，画速写，抱着厚厚的斯坦尼体系。

▲ 2023年，种俐俐（右）、赵星（左）看望兰州市政协原副主席、著名画家郭文涛先生（中）

一天，老前辈画家郭文涛说要介绍一位年轻人给种俐俐认识。这人叫赵星，本科毕业生，当时是甘肃日报社的美术编辑，专业能力拔尖，长相很出众，包她满意！郭老师信心满满的介绍，令种俐俐动心了，况且，此时她对美术产生了浓厚的兴趣，业余时间正在学习素描，认识一位青年画家那该多好。

见面的那天，种俐俐心怀忐忑：这位年轻人是否真像郭老师说的那样优秀，万一看不顺眼该如何搪塞……可赵星一出现，瞬间就吸引了她的目光，一米八几的大个儿，身材匀称瘦长，气度不凡，茂密卷曲的头发极富生命力，浓眉下的大眼闪着智慧的光彩，宽阔的脸庞透出一种坚毅的神情。赵星沉默寡言，但是却深深地引起了种俐俐的注意。经过相互了解，两人很快就互生情愫。

美中不足的是，赵星比种俐俐小三岁，她心里没底，说还要母亲认可才行。两人约好一起见张培侠。张培侠一见赵星也眼前一亮，笑得合不拢嘴，与他相谈甚欢。种俐俐欲言又止地说："妈……赵星比我还小三岁，可能不太合适。"哪想到张培侠更高兴了，不以为意地说："好好好，女大三，抱金砖嘛！这不成问题！"

经过母亲的首肯，两人就热络地交往起来。有的时候种俐俐周末还要排练、演出，没有时间早早回家陪伴母亲，等下班回家，发现赵星已经坐在院子里陪着他未来的丈母娘聊天。经过一段时间的交往与观察，张培侠对赵星非常满意，几乎把他当作自己的儿子。张培侠对种俐俐说，赵星这孩子不错，踏实善良，他俩要是结为夫妻，那他就是她们家里学历最高的正规大学生，如果种俐俐的父亲还在世，他肯定会很高兴的！

自己没上成大学，有个大学生陪伴，也算心里有些安慰，加上团里的工作无法脱身，此后种俐俐就安心当演员，在舞台上继续绽放光彩。结识赵星后，同为艺术家的他们志同道合，精神生活更加丰富。

1985年是种俐俐的高光时段，喜事接踵而来：当选兰州市人大代表、甘肃省舞蹈家协会副主席；荣获兰州市劳动模范、兰州市新长征突击手、兰州市宣教系统先进个人及先进工作者称号；升任兰州市歌舞团业务副团长；更重要的是，在9月29日种俐俐28岁生日的那一天，她和赵星两人结为夫妻，决定携手相伴一生。

▲ 种俐俐与爱人赵星合影

两位艺术家结婚后相互理解，种俐俐为赵星的艺术创作提供灵感，赵星也全力支持种俐俐的艺术梦想。种俐俐在实践中深深感到光靠演别人的作品是不够的，作为一个真正的舞蹈家，还应该具备编导、创作的才能，于是开始了自编自演的尝试。1986年，她与团里的编导芦家驹合作创作的独舞《伎乐天》准备参加第二届全国舞蹈比赛，舞蹈以敦煌壁画"香音神"为艺术原型，一手舞动彩绸，一手挥动琵琶，仙气飘然，表现了一位美丽的乐伎天神对人间的祝福。但是种俐俐缺少重要道具——琵琶，赵星发挥他的美术技能和匠心精神，专门制绘了一把精美的道具琵琶，并陪她去北京比赛。最终，节目荣获优秀演出奖，种俐俐还受到吴晓邦、贾作光老师的亲切接见。

▲ 种俐俐受到吴晓邦老师亲切接见

▲ 种俐俐受到贾作光老师亲切接见

　　1986年11月12日，《兰州晚报》专门报道了她的获奖情况，据记载，这是代表甘肃省参赛的唯一一个剧目，当时参赛舞蹈有121个，参赛人数800多人。初次尝试编舞就获得了演出奖，真是不小的成就。当然，这其中少不了爱情的"魔法"。

　　同年，甘肃省电视台国际部拍摄了电视专题片《耕耘在民族舞的艺苑里——记青年舞蹈演员种俐俐》，作为对外宣传交流节目在国内正式播出，它记录了种俐俐表演《胡旋舞》《伎乐天》《泼水姑娘》《木兰出征》《长鼓舞》等舞蹈的优美舞姿。舞蹈《牧民的喜悦》拍摄的背景是辽阔的草原，阳光下，种俐俐身穿蒙古族服装踏歌而舞，欢快喜悦，一旁是赵星，正坐在草地上为她画速写，这样美好的爱情令人钦羡。

　　赵星在舞团获得
"忠实观众"的美称。
每当他去看排练时，歌
舞团的同事总会异口同
声地说："忠实观众又
来了！"有一次，他去
看彩排，由于音响、服
饰等问题，彩排不得不
常常中途停下重来。这

▲ 赵星在草原上画速写，种俐俐起舞

样一来，彩排从晚上8点一直到第二天早上8点才结束，人们都哈欠连天，
而他守在观众席上整整一夜，天一亮又骑自行车上班去了……

　　赵星热爱自由，他最大的爱好是到各处旅行，找寻绘画灵感。1987年
的一天，赵星约同几位画家朋友探访新景点，目的地是吐鲁沟，位于兰州
市西北160公里处的永登县连城，在当时还未开发。种俐俐也一起出游，
大家坐上吉普车，一路有说有笑，欣赏雨后阳光下的美景。接近林区时，
遇到一段公路正在维修。谨慎通过之时，只见一时间天昏地暗，山上沙石
俱下，如雷轰鸣——是山体滑坡！等清醒过来，赵星周身疼痛，只听车内
哀号阵阵，转眼一看，种俐俐满脸是血，头皮掀开了一大片，绽出肉来。
赵星吓得不知所措："该不会是头盖骨给掀开了，人还活着吗？"他用手
试了试种俐俐的呼吸，好在还有气……惊得他爬出车外四处呼救。

　　他们到医院接受诊断，所幸种俐俐没有伤及头骨，头皮上缝了34针。
赵星顾不上身上的伤，自己把玻璃碴儿拔了，抹干血痕就日夜陪护。他自
责：好好地出门玩，差点把命给送了，怎么跟家里交代？母亲听说女儿
出了车祸，赶到医院探望，两个年轻人瞒说"没什么大事，只缝了三四
针"，这才糊弄过去。可是种俐俐还有心事，兰州市歌舞团根据台湾电影
故事改编的轻歌舞剧《搭错车》马上要首演，她在剧中既参与了导演、编
舞，又是主要演员，前期广告宣传都做好了，她怎么能临阵退场。"我还
是要坚持跳！"她不顾医生的阻止，用旁边的头发遮住伤口，绑上精致的

▲ 1987年，种俐俐演出《搭错车》定妆照

▲ 种俐俐在甘肃参加文代会（左起：许琦、贺燕云、种俐俐、仲明华）

发带，登上舞台，成功演绎了主人公阿美，完成了所有的舞蹈技巧，在落入经纪人魔窟这一场，她带着伤做了13个"费也特旋转"。从她受伤到登台排练，仅15天的时间，"种俐俐的头盖骨都掀开了还在舞台上跳呢"，传说越发神奇，大家都把她当作女超人，种俐俐作为业务副团长不畏困难、坚强拼命的形象也激励着团里的同事们。

彼时，改革开放大潮袭来，对文艺界产生了前所未有的冲击，有人去舞厅伴奏，有人到外地"走穴"，有人干脆放弃艺术，潜心研究编织、烹饪。种俐俐和她的同事们仍在孜孜不倦地往更精深处进发，追求艺术的高度。这一次，《搭错车》为本已经沉寂的兰州舞蹈界注入新的生机。

《甘肃日报》《兰州晚报》《青年晚报》《甘肃工人报》都报道了演出。《甘肃日报》在1987年8月23日发表的文章中评价："人们看到，这些舞蹈演员依然是原来的'那一帮'，年龄最小的主角种俐俐也已进入而立之年。尽管岁月无情地吞噬着他们的艺术青春，但是他们依然风采不减当年，以扎实的基本功和优美的舞姿显示了他们对艺术不懈追求的耿耿事业心。"

培育新苗

不知道是命运冥冥之中的安排，还是受父亲潜移默化的影响，种俐俐还是走上了教育道路。

种俐俐担任副团长时是28岁，当时上级要求管理层实行老、中、青三结合的管理模式，她作为青年领导干部和业务骨干引领舞团发展。然而，作为舞蹈演员来说，28岁的年纪已经不年轻了，她却还是团里年龄最小的舞蹈演员。自样板戏学习班以来，团里很少招纳新演员，老一代演员已经渐渐跳不动了，在创排新作品的时候出现了后继无人的情况。如果招聘新演员，那些已经成熟的优秀演员也未必愿意到兰州来。种俐俐提出："我们要培养能代表兰州形象的自己的演员！"她和当时的团长王学诗一起到市里说明情况，他们跑遍了市里的相关部门了解情况，还找到张文范副市长。张副市长听后很认可他们的提议，于是拨出了近50个名额，让舞团自己想办法纳新。又在多方的合力促成下，兰州市歌舞团和兰州市电视职业高中合作，成立了兰州市电视职业高中艺术分校，种俐俐担任校长。

▲ 2013年，种俐俐（左）与原兰州市文教副市长张文范在厦门合影

▲ 种俐俐等人与两位恩师合影（一排左起：刘颖正、金钟，二排左起：任燕燕、种俐俐、罗泽燕）

　　1987年，学校成立后，家长们都想把孩子送来培养，因为这属于定向班，学成可以有"铁饭碗"。校园里一时熙熙攘攘，门庭若市。种俐俐见有这么多好苗子，喜出望外，她亲自当主考官，对每一个未来的演员都认真考核，不光要形体条件好，还要有灵气。后来成为知名影视演员的罗海琼，就在这一次应试的行列中。刚开始，罗海琼因为身高没有达到要求，被考官组拒之门外，得知自己与舞团无缘，她伤心地流下泪水。这一幕被种俐俐看在眼里，这女孩大而明亮的眼中噙满了泪水，像水晶边上镶嵌了珍珠一样闪动。她上前安慰，想到自己早年也因形体条件不好而被拒之门外，可现在不也闯出了一片天地，只要有灵气和一颗热爱之心，个头小点儿也不影响这孩子的艺术前程，最终她决定要把这女孩留下。

▲ 1988年，兰州市歌舞团培养的学员在五泉山欢度"六一"儿童节

　　这一届的学生经过三轮选拔才最终确定人员，集合了甘肃的优秀舞蹈新苗，并且倾注全团的力量悉心培养，种俐俐亲自为他们上民间舞课和剧目表演课。经过三年的学习和在舞团的实践磨炼，他们如愿成长为代表兰州舞蹈艺术水准的骨干力量，其中包括在今后艺术道路上有出众成就的西北民族大学舞蹈学院院长李琦，上海戏剧学院舞蹈学院副院长周蓓，兰州

▲ 1989年，兰州市歌舞团全体老师和学生合影（二排左五：种俐俐）

市歌舞团主要演员、《大梦敦煌》的女主角田青，兰州大剧院艺术学校校长吴伟伟，兰州城市学院舞蹈系主任杨燕，知名影视演员罗海琼，北京舞蹈学院优秀教师石琳……

　　这时，甘肃省舞蹈艺术学校校长高金荣找到兰州市歌舞团，想找一位有经验的舞蹈演员到学校教舞蹈表演课。团里很多演员都想去，可高校长点名就要种俐俐！就这样，种俐俐身兼数职，既当团长又当演员，还要培养自己团里的学生，一周再到省艺校上两次课。可她喜欢这样忙碌而充实的生活，迸发出无穷的能量。高金荣一直想做敦煌舞教材，她看到了种俐俐的艺术热情，便与之共事。就在这年9月，她带着种俐俐和另一位老师来到"东方艺术宝库"敦煌莫高窟，进一步挖掘和整理素材。她们沿着斑斓多彩的艺术画廊漫步，那一尊尊端庄的神像，一组组飘逸的仙女，一个个动人的场面，纷纷呈现在眼前，天宫庆典、燃烛朝圣、神剑飞舞、倒持琵琶……仿佛进入了一个梦幻的世界。她们在敦煌采风了一个多月，在黑暗的石窟内打着手电，点着蜡烛，临摹壁画舞姿，研究过静止的图画后，还要让这些图画合乎规律地动起来。她们探寻出由静到动、起承转合的动作规律，进而体现敦煌舞独特的风格。敦煌艺术之旅让她们积累了充足的素材，创立了一套前所未有的舞蹈基训教材和剧目，自此开创了敦煌舞流

▲种俐俐（左）与高金荣（中）、田生渝（右）在莫高窟采风

▲1988年，种俐俐（左）与高金荣（右）探讨敦煌舞蹈教材

派。种俐俐根据敦煌壁画创作、编导舞蹈《六臂飞天》，由甘肃省舞蹈艺术学校学生表演，荣获首届金城文艺奖创作二等奖。这个舞蹈被甘肃省舞蹈艺术学校视为保留剧目，后来被北京舞蹈学院纳入学演剧目，在全国各地巡回演出，受到专家与观众的一致好评。他们反映，这个舞蹈虽然取材于敦煌壁画，却不拘泥于壁画，构思巧妙，舞姿优美，结构合理，寓意幽深，很妙。该舞蹈被中央电视台（现中央广播电视总台）编进了电视片《中国民族舞集锦》中，多次向全国播放。

种俐俐的人生何其灿烂，不到30年的时间，她当过红极一时的舞蹈演员，当过编导、教师、领导，每个职务、每个阶段都干得出类拔萃。如果以前的她是一朵"不谢的小花"，那么，在而立之年，那看似娇柔的花下已经结出累累硕果。

▲ 种俐俐在西北民族学院上课

下篇　在厦门

重新出发

　　1989年，种俐俐的大哥种联德因病去世，终年41岁。1990年，33岁的种俐俐诞下女儿赵崇。生命的流转让她重新思考生命意义和生活方向。岁月对舞蹈演员过于残酷，告别了舞台和掌声，要如何找到新的人生定位？她决心继续深造。在女儿8个月大的时候，她又到北京舞蹈学院踏上求学之路。

▲赵崇六个月时留影

▲种俐俐（中）与母亲张培侠及四个月大的女儿赵崇合影

　　此时，种俐俐已经34岁，心态和形体都发生了巨大变化，重回舞台已不可能了，她也深知自己不喜欢作为领导每天开会、指导工作。时任北京舞蹈学院教务主任张敦意老师引导她："你现在是最好的学习年龄，你要放弃过去重新开始，对自己要有新的定位！"她受到鼓舞，毅然放弃了原本的职位，放下家中的孩子，参加全国高等教育统一考试，报考了北京舞蹈学院的中国民族民间舞系教育专业，决定当一名舞蹈老师。专业考试时，潘志涛老师、贾美娜老师都是考官，她展示的是蒙古舞和基本功，跳完

▲1991年，赵崇一周岁时的全家福

以后，潘老师说："种俐俐小范儿还挺美的，就是有点胖了，要练练。"当时，她的眼泪就止不住地流下来。贾老师说："听说你是歌舞团的副团长，还是主要演员，你为什么把这些都放弃了，来北舞当学生？"她哭得更厉害了。对于她来说，过去的辉煌已成为记忆，一切都要重新开始。在之后的文化课考试期间，她一边照顾襁褓中的女儿，一边复习，最终如愿考上了北京舞蹈学院。

在北京舞蹈学院，种俐俐不改刻苦勤奋的拼搏本色，当时的明文军老师、潘志涛老师都对她爱护有加。她在山西班学习，老师让她先当班长，一开始班上的同学很不服气，我们这是山西班，凭什么让一个兰州人来当班长？老师解释说只是过渡期，种俐俐各方面比较成熟，先让她代理。后来正式选举班长的时候，种俐俐经过民主投票还是票数最高的，得到大家的认可。后来，因为在学校积极热情的态度和各方面出众的表现，她还当上了学生会副主席。

1993年，种俐俐临近毕业，北京舞蹈学院培养的中国民间舞专业厦门试验班要回到厦门去成立中国第一个专业的民间舞团——厦门小白鹭民间舞团。学校安排种俐俐去厦门实习。

在种俐俐的印象中，当时厦门班在北京舞蹈学院很有名气，全是帅哥美女，每次考试课、毕业晚会，都办得轰轰烈烈。厦门市政府还在北京舞蹈学院的咖啡厅为厦门班包伙，同学们都很羡慕。1991年12月，她看过纪念厦门经济特区10周年的大型歌舞《飞向新世纪》，当时厦门班全班同学

▲ 2014年，北京舞蹈学院院庆时，种俐俐（右四）与北京舞蹈学院原教务主任张敦意老师（左四）合影

▲ 1991年，北京舞蹈学院全班同学和班主任明文军老师（二排右五）合影（一排右三：种俐俐）

都参与了表演。可以说，那时候的厦门班已经在全国有一定影响了。

　　作为改革开放后的经济特区之一，厦门的经济、文化发展需要两翼齐飞，厦门正以海纳百川、求贤若渴的开放姿态广纳人才。种俐俐本想学成后回兰州去，回到家人身边，但潘志涛老师劝她去厦门，他说："厦门是经济特区，以后发展一定会好的，厦门班也很有潜力。既然你已经离开兰州了，还有必要回去吗？既然离开了就别回去，换一种活法！"厦门艺校校长曾若虹也一直给几位优秀毕业生做工作，希望大家能一起到厦门"创业"，保住厦门班的成果，在厦门建立独具特色的中国民间舞艺术表演团，以填补中国舞蹈界的空白！厦门急需人才，厦门艺校更渴慕人才！种俐俐动心了，她想："厦门应该成为我的第二故乡！"

▲ 上左：1992年，种俐俐（右）和北京舞蹈学院民间舞系主任潘志涛老师合影
　下左：1992年，种俐俐（右）与北京舞蹈学院民间舞韩萍老师赴青海采风时合影
　上右：1993年，种俐俐到厦门工作时合影（左起：种俐俐、明文军、曾若虹）
　下右：1993年，种俐俐（右）和北京舞蹈学院院长吕艺生老师合影

种俐俐喜欢大海，她常常在黄土高坡上憧憬远方的蓝天碧海，也确如她所愿，南方温暖湿润的天气和澄澈的天空，正张开双臂拥抱她的梦想。可到了厦门戏曲舞蹈学校，她敲响锈迹斑斑的铁门，走进破旧的楼房，内心产生了极大的落差……

1993年10月，厦门市委、市政府批准由厦门戏曲舞蹈学校（现为厦门艺术学校）组建中国第一个专业民间舞艺术表演团——厦门小白鹭民间舞团，与厦门艺术学校实行"团校合一"的全新管理模式，校团资源共享，优势互补，教学相长。刚刚诞生的舞团，面临着经济拮据的困境。"小白鹭"最初只有15000元的启动经费，没有驻地，只得租借华夏少儿文艺中心的两层客房作为团部和集体宿舍。而种俐俐任教的厦门戏曲舞蹈学校，几经风雨坎坷，直到1991年才获准正式独立建校，成了中专。学校办学与生活条件很差，进了宿舍伸手不见五指，白天都要开灯，在练功厅做颤膝动作时感觉整栋楼都在摇晃，厨房和卫生间是连在一起的，在卫生间可以闻到食堂的饭香味道，公共浴室黑暗的泥水墙角处趴着巨大的蜘蛛。

▲ 1993年厦门戏曲舞蹈学校校址

▲ 1994年，种俐俐在旧练功厅向北京舞蹈学院吕艺生院长等专家汇报民间舞和基训课

▲ 1994年，种俐俐一家三口落户厦门时留影

当时一起到厦门的北舞实习生兵分两路：章东新、冯蔚在位于曾厝垵的舞团任编导，种俐俐和芭蕾舞专业的王倩牟在位于先锋营的艺校当老师。在"团校合一"理念的指引下，他们必须两地奔波，有时舞团要借用学校的排练厅排练，有时舞蹈老师要从学校到舞团去上课。

当时的曾厝垵已经被市政府规划为文教旅游区，正在建设中，市计委拟在曾厝垵海滨兴建一万平方米的新校舍。种俐俐很受鼓舞，看着眼前一望无际的蔚蓝大海，幻想着新校区正面朝大海，感觉太好了。在这么美丽的厦门经济特区，在政府和人民的支持下，"小白鹭"一定能从海边飞起来。

梦想虽然美好，但是创业初期艰苦的条件却让人难以承受，冯蔚导演曾哭着说："我们是不是选错地方了？"种俐俐劝她说："这块建校舍的地总是真的吧，我们一起努力闯出一片新天地！"因为忍受不了学校的工作和生活环境，芭蕾老师经常以泪洗面，最终回老家去了，就剩下种俐俐在学校当老师，承担专业教学工作。那时，她在厦门还算实习期，兰州的同事劝她回团里，赵星建议她回兰州，他说，厦门要繁荣起来最起码得20年以后！但是她那时的信念就是要往远处看。她和章东新、冯蔚相互鼓励、扶持，决心扎根厦门，在这片土地上发展舞蹈艺术事业。

▲ 种俐俐与冯蔚等人合影（左起：冯蔚、章东新、文征亚、曾若虹、冯双白、高国庆、种俐俐）

砥砺前行

种俐俐跟着厦门艺校的老师到全省各地招了1993级的舞蹈学生，随后，和其他老师们倾尽全力培养这些学生。按照她的经验，如果这一批学生能培养好，"小白鹭"就后继有人了，"团校合一"就可以变为现实。

抛却了往日的辉煌，一切从零开始。种俐俐教学和舞团工作一肩挑。从前台到后台，种俐俐心理落差难以言喻，她将阵阵袭来的失落感化为动力。在教学中，她宽严相济，口传身授；在生活上，她无微不至地关心他们的衣食住行，让这些远离父母的孩子们感受到春风般的温暖。学生们亲切地称呼她为"种妈"。

▲ 1993年初，种俐俐（左）和林若阳老师在莆田招生

▲ 种俐俐（后排白衣者）和1993级女班学生们在一起（后排右一：班主任周丽端）

种俐俐正值壮年，精力充沛，每天都有处理不完的事务，她无怨无悔，几乎是超负荷运转。1994年，厦门市委组织部通过人才引进机制，将37岁的种俐俐正式调入厦门戏曲舞蹈学校，任舞蹈科主任、舞蹈教师。与此同时，赵星也调入《厦门文学》杂志社任美术编辑。赵星初到厦门，无法习惯截然不同的风土人情，他很恋旧，屡次想回兰州，但看到种俐俐已经决心在厦门扎根，就"妇唱夫随"，还专程从兰州把心爱的摩托车空运送到广州，再骑回厦门。

　　1995年，种俐俐被任命为厦门艺术学校教学副校长；1997年，被任命为厦门小白鹭民间舞团党支部书记。

　　从1993年开始，她没有离开过教学一线，即便担任领导岗位也不离开课堂。她热爱舞蹈，也热爱教学，以前在舞台上表演给观众看，后来在教室里引导着学生学，她需要一个平台把心里的那团火点燃，把身上的那点劲用光。她和同事们一起，用心血和汗水，酿就了"小白鹭"创办初期丰硕的教学成果。1994年，她排的《雪山情》在大中专院校艺术节中获一等奖；1996年，她和她的学生成功地排演了大型舞蹈《飞夺泸定桥》；1999年，她一手带出的1993级舞蹈班即将毕业，她和同事们共同策划的大型毕业会演《心灵的乐章》在厦门影剧院演出，好评如潮……

▲ 种俐俐给1993级女班上民间舞课

　　"小白鹭"终于如她所愿，张开矫健的翅膀起飞了。人们向种俐俐祝贺，但她却一再强调说："'小白鹭'的成绩是同事们呕心沥血的集体结晶。"

　　人们可以通过努力得到世界上几乎所有的东西，却无法改变生老病死的无常。

▲ 1993级三年级考试汇报课上，北京舞蹈学院相关领导、老师来看课，给予高度评价（二排左一：种俐俐）

　　1995年，厦门电视台拍摄了专题片《艺缘——来自大西北的艺术之家》，记录这个来自大西北、扎根厦门的艺术之家的幸福生活。电视片播出后，人们无不对这一家子

▲ 1996年，种俐俐（左一）的母亲张培侠（左三）到厦门给赵崇（左二）过六周岁生日时全家合影（右一：赵星）

投去欣羡的目光。可是，谁也想不到，5年后，他们平静的生活被一场狂风席卷。

　　2000年，举国欢庆步入21世纪。一天，赵星在洗澡时摸到锁骨附近有一个硬块，直觉告诉他，不能掉以轻心，还是要到医院检查才能安心。种俐俐安慰赵星，身上有很多肿块都是良性的，应该没什么问题。等陪着赵星做完一系列检查后，医生私下跟种俐俐说，他这是淋巴癌，如果不及时治疗，活不过半年。种俐俐犹如冷水浇背，一时不知如何是好，先是想办法把赵星支走，再联系亲友商量对策。大家决定先瞒着赵星，制作了一张假的医院证明，骗他是良性肿瘤。种俐俐当天果断决定还是要尽快到北京治疗，又骗赵星说只是为了保险起见做复查，求个心安。赵星一开始觉得没必要，但想到北京是自己的出生地，可以回去看看，就勉强答应了。其实，这个时候种俐俐也是强打精神，她坚强的内心告诉自己，一定要把自己的爱人，把孩子的父亲从死亡线上拉回来！她神色恍惚，在路上丢了两万块现金和赵星的病例。到了医院，医生看到种俐俐脸色蜡黄，还以为她才是病人。赵星在医院的走廊上等着种俐俐，看到医院的宣传栏才赫然发现，淋巴瘤只有恶性的没有良性的。

　　两人在北京游览了故地，拿到治疗方案，回到厦门治疗。在赵星生死未卜的情况下，种俐俐一边在医院陪同治疗，一边回学校正常上课，处理日常事务，不落下工作。种俐俐一家三口身在异乡，相依为命，远亲近友

▲ 赵星患病后的全家福

▲ 一家三口在一起

▲ 2003年，种俐俐的母亲张培侠70岁寿辰时和家人在兰州相聚（一排左起：王岩、种
联成、张培侠、种联平，二排左起：赵星、种笑菲、种俐俐、赵崇、李德元）

一听说赵星生病的消息，都倾力帮助，让她感到无比温暖。每当在人生的
关键时刻，都是家人为种俐俐撑起一片天。

所幸治疗方案对症，赵星年轻力壮，在亲朋们的关爱、帮助下，最终
挺过了这次劫难。

患难可以试验一个人的品格，非常的境遇才可以显出非常的气节。命
运的铁拳击中要害的时候，只有大智大勇的人才能够泰然处之。这一场考
验，让夫妻二人的情感更加坚固，种俐俐也在这场磨难中更加坚强。

▲ 2014年，种俐俐（二排右二）在兰州和亲人们欢聚，庆贺侄儿种奇结婚大喜（一排右
四：时年85岁高寿的母亲张培侠，二排右一：赵星）

桃李芬芳

早在20世纪90年代初，厦门艺术学校和小白鹭民间舞团就定下目标："立足特区，着眼闽台，走向世界"，坚持不懈地出作品、出人才、出品牌。在初代"小白鹭"和全体教职员的共同努力下，珍珠湾畔的新校舍拔地而起，学生数量日渐增长，学校的硬件条件和软件条件都得到跨越式发展，小白鹭民间舞团在全国也产生一定的影响力。

走的虽然是"团校合一"的道路，但是对于学校，尤其是对于中等专科学校来说，有其自身的特点和发展要求。学校也需要自我生存的能力，学校的生存发展有赖于源源不断的生源，这是一个既现实又残酷的事实。如何解决这个问题？种俐俐时时都在思考着。她闪过一个大胆的念头：开办业余艺术学校！她想，每年都要跑到全省各地去招生，还不如在厦门培养属于自己的生源。通过开展少儿业余培训，激发少儿的舞蹈兴趣，挖掘舞蹈"潜力股"，为艺校的招生做铺垫，在扩大学校影响力的同时也肩负起社会艺术教育的责任。这个想法得到了曾若虹校长的支持。

2002年6月，依托厦门艺术学校和厦门小白鹭民间舞团，厦门小白鹭业余艺校在厦门珍珠湾畔诞生，种俐俐兼任校长。

其时，少儿舞蹈教育培训在全国鲜有人问津，在厦门几乎更是一片空白，不仅缺乏办学经验，社会对此也缺乏认知，困难重重。种俐俐和她的团队认识到，成长于经济特区的厦门艺校，率先探索出"团校合一"的办学模式后，还要继续发挥特区精神，勇做拓荒者、引领者。

▲ "小小白鹭"合影

他们决定利用校团资源共享的优势，面向社会普及艺术教育。起初，小白鹭业余艺校的知名度还不高，老师们开着自己借来的私家车到各小学去做招生宣传，但很多学生觉得艺校太远不肯来，第一次开班只招到16名学生，一间练功房都显得有些空。学校鼓励老师积极"走出去"，在火炬小学、国光学校、巾帼园、漳州等地开设舞蹈培训校外点，试图先把影响力做起来。每周一到周日的课余时间，老师们要专门到培训点去上课。学校还联系了台湾地区的培训点，举办暑期的"小白鹭舞蹈之旅"，台湾地区的小朋友来了，老师们在假期不仅不休息，还要值夜班，生活起居都要管理。

伴着"小白鹭"的高飞，"小小白鹭"也羽翼渐丰。种俐俐亲手创办的业余艺校的招生人数日益扩大，种俐俐和同事们组建了科学、有序、高效的管理系统，协调学校和舞团组成专业教师团队，还参照北京舞蹈学院的课程目标，大力引进北京舞蹈学院中国舞考级、芭蕾舞考级项目，选拔优秀学员组成"小小白鹭艺术团"……小白鹭业余艺校逐渐发展成东南亚地区华人华侨及海峡对岸少儿艺术培训交流基地，成为福建省生源最多、教学质量最高、影响最大的少儿艺术培训学校。在全体老师的共同努力、积淀下，业余艺校从16名学员起步，发展到每年在校学生人数达到6000多人次，至2022年，已培养近10万名学员。从这里走出的学生，大部分是所在中小学和幼儿园的艺术骨干，有的则作为特长生考入重点中学，也有不少走上专业舞蹈学习道路的，考入北京舞蹈学院、上海戏剧学院、厦门大学等名校的舞蹈专业进一步深造，许多学生毕业后甚至成为各行各业的艺术"领头羊"。

在国家留学基金委近日公布的2022年"艺术类人才培养特别项目"录取人员名单上，北京舞蹈学院中国民族民间舞系的蒋钰茜赫然在榜，获得国家公派到英国爱丁堡大学留学深造的资格。鲜有人知的是，蒋钰茜的舞蹈之路就是从厦门小白鹭业余艺校起飞的。蒋钰茜同学从4岁开始，就跟随种俐俐学习舞蹈。家长本想让孩子学习艺术作为业余爱好，但是种俐俐看孩子热爱舞蹈，又有天赋，便说服家长让孩子走专业道路。于是，蒋钰

▲ 厦门小白鹭业余艺校2017—2018学年度教学汇报演出合影（左起：周丽端、李莉莉、蒋钰茜、种俐俐、刘小音、林若阳、熊之丹）

茜进入业余艺术学校学习，经过努力，一路踏上从厦门艺术学校到北京舞蹈学院的艺术追求之路，在研究生毕业后又公派赴英国爱丁堡大学攻读舞蹈教育博士学位。

2003年，种俐俐当选福建省第十届人民代表大会代表。她在会上为艺术发展建言献策，也希望能为学校做些实际的事情。与会期间，她找到省教育厅的相关领导，希望能扩大招生范围，从以往的全省招生发展为全国招生。她说明了学校的办学特色和愿景，强调要发展为具有全国影响力的特色中专，生源非常重要，有好苗子才能培育出好人才。省领导听后非常支持，特批全国招生。得知喜讯后，艺校老师们全力以赴开展工作。2004年，学校首次面向全国招生，自此，河南、广东、江西、安徽、新疆、甘肃等地的优秀生源陆续涌来，厦门艺校的招生和人才培养形成良性循环。学校培养出众多舞蹈的新生力量，优秀者不断补充到"小白鹭"的团队之

▲ 种俐俐（一排右二）和甘肃省舞蹈家协会主席郎永春（一排左一）等人在兰州合影

▲ 2008年，种俐俐任福建省第十一届人民代表大会代表

中，还有许多考入北京舞蹈学院等院校继续深造，其教学质量得到业界的广泛认可。

2008年，种俐俐连任福建省第十一届人民代表大会代表。与会期间，她提出了进一步提升文化硬件设施的建议。"小白鹭"常是费尽心血创作晚会，却没有固定的演出剧场，只能租借剧场或是到外地临时演出，在奔波、装台的过程中浪费大量时间、精力。厦门既然要发展文化，就应该有专业的剧场以提高艺术影响力，满足市民的文化艺术需求。市领导了解情况后非常支持文艺发展，考察组专门到"小白鹭"实地考察情况，最后划出了环岛路面朝大海的一块地用于建造剧场。正临华侨企业家陈江和先生回厦门考察，他出于爱乡之情，为建设剧场捐资专款3000万元，厦门市政府又出资1800万元。在各方的关心和支持下，厦门小白鹭艺术中心金荣剧场于2009年底落成，"小白鹭"从此有了属于自己的起舞天地。剧场集表演、交流、教学、科研、艺术创作和培训于一体。自此，"小白鹭"逐步走出了融"学校、舞团、剧场、业余艺校"四位一体的创新发展之路。

种俐俐和她的同事们用自己的心血和汗水，酿就了丰富的教学成果。2006年8月，《闽南拍胸、钱鼓组合课》获文化部文华艺术院校奖第八届"桃李杯"舞蹈比赛精品组合课优秀编排奖；2009年，她指导的作品《阿婆的幸福生活》参加全国文华艺术院校第九届"桃李杯"舞蹈比赛，获得群舞表演一等奖的园丁奖；2008年，她荣获"改革开放30年中国艺术职业教育优秀教师奖"称号……

▲ 2009年，文华艺术院校第九届"桃李杯"舞蹈比赛闭幕式暨颁奖晚会获奖留影（一排左三：种俐俐）

　　此外，在全体同人的努力下，艺校学生《剽牛》《阿里郎颂歌》《别窑》等节目多次在全国"桃李杯"舞蹈比赛、戏曲比赛中获得金、银奖。除了舞蹈专业之外，学校还开设具有民族特色与闽台文化风格的艺术表演专业，如闽南地方戏曲表演（歌仔戏、高甲戏、南音等）、茶文化艺术表演、影视表演、舞台美术、民族器乐、声乐等专业，培养了一大批国家级舞蹈、戏曲表演人才，其中不乏文华奖、梅花奖、荷花奖获奖演员。2007年，厦门艺校荣获由教育部、文化部、团中央联合表彰的"艺术教育优秀成果奖"。2008年12月，厦门艺术学校经国家文化部、教育部联合审定为国家级重点艺术中专。厦门艺校成功走出特色教育、精英教育、职业教育有机融合的创新机制，培养出一大批在国家级比赛中摘取金牌的拔尖人才和省级金牌演员。

　　种俐俐和她的同事们坚持教育教学改革，使厦门艺校教学质量不断提高，跻身全国同类中专学校的先进行列，为社会输送了一批又一批的艺术人才。虽然行政工作繁忙，但是她仍坚持深入教学第一线，勤勤恳恳地为培养艺术人才而竭力奉献。种俐俐在无数青少年的心中种下艺术的种子，无论是开成绚丽的小花还是成长为参天大树，都是她作为教师最为荣耀的事。

▲ 上：种俐俐给1999级学生上民间舞课
　　下左：种俐俐（二排右三）带领1999级学生表演的《阿里郎颂歌》参加全国"桃李杯"舞蹈比赛时，与导演刘立功（三排右三）合影
　　下右：种俐俐（一排右三）与为福建宁德培养的1996级学生毕业合影

声名远播

2004年，第六届全国舞蹈比赛在厦门举办。到厦门参加复赛的作品共有171个，参赛演职人员1500多人次，是舞蹈界的一次盛会。

厦门市委、市政府非常重视这个新中国成立以来最大规模的舞蹈赛事，不仅给赛事以极大的支持，而且还对参赛的厦门"小白鹭"寄予厚望。一位市领导开玩笑说："如果拿三等奖你们都不要报喜。"

舞团的编导章东新、冯蔚几年来创作、排练了一批获奖的单、双、三人舞蹈作品，但是还没拿出一个能够代表全团艺术水准的群舞作品。距离比赛只剩下一个月的时间，市领导提出要创作表现海峡两岸题材的作品，种俐俐主动找到正处于创作高峰期的空政歌舞团的著名编导杨威。杨威对海峡两岸的题材不熟悉，创作难度大，时间紧迫，颇有压力，于是让种俐俐也一起参与编导工作。那段时间，两人几乎形影不离，讨论构思。一次，两人走在海边，寻找灵感，对面就是金门。"能不能排演出海峡两岸相互呼唤的感觉？"经过一夜的构思，第二天她们就开排了。排练过程中，让种俐俐记忆犹新的是舞蹈的最后一部分，要让演员想象那是久未谋面的妻子与丈夫、母亲与孩子间的拥抱，演员理解剧情后，表演得很有激

▲ 种俐俐（右）与著名导演杨威合影

▲ 种俐俐（左）与著名导演杨威（右）、厦门艺校原校长曾若虹（中）合影

▲ 2004年，《海那边》全体演员与导演杨威合影

情。他们交叉错位、来回地拥抱，像疯了一样。排练场景十分感人，比现场演出还要震撼，整个练功厅回荡着演员的呐喊声。种俐俐感动得泪流满面。杨威不由得赞叹道："你们的演员太棒了！"

这个节目在评奖过程中还经历了一些曲折。对于海峡两岸题材的表现手法，评委持有不同意见。情况紧急，创作组连夜修改了说唱歌词。由于这场风波，节目只得到创作二等奖，大家为此愤愤不平。不过让他们感到安慰的是，作品获得了表演一等奖以及观众票选出来的唯一的"观众最喜欢的节目奖"和"观众最喜欢的演员奖"。后来，舞蹈被选上了闭幕式演出，全国舞蹈界都高度评价这个节目。

在《海那边》排演之前，大家都心存疑虑，"小白鹭"一直跳的是民间舞，能跳当代舞吗？是恪守民族民间舞蹈的自我定位，还是自由地表现当代的海峡两岸情深？"小白鹭"选择了后者，并以极大的成功告诉人们，"小白鹭"在坚守民族民间舞传承发展任务的同时，也走着多元化发展的道路。

▲ 一左：1998年，种俐俐（中）赴意大利演出时与土著人联欢
一右：1998年，赴法国参加孔福朗民间艺术节
二左：赴西班牙表演时留影
二右：2002年，小白鹭民间舞团赴澳大利亚演出时合影
三左：2007年，种俐俐（二排左四）率厦门青年文化代表团赴瑞典、荷兰进行回访交流演出时合影
三右：2010年12月，受文化部委派，小白鹭民间舞团与北京舞蹈学院赴印度参加中印建交60周年纪念活动
　　下：2006年，小白鹭民间舞团赴台湾地区举办"白鹭展翅·台湾高飞"基层巡演时合影（一排左三：种俐俐）

除了重大题材的创作之外，厦门艺术学校与厦门小白鹭民间舞团在这次赛事中取得史无前例的创作、演出大丰收：获得三项一等奖，两项二等奖，三项三等奖等主要奖项，共计十三项奖项。其中，创作的《海那边》《鸟仔》等一批经典作品广受好评。让舞蹈界印象深刻的是，厦门艺校提供练功厅是无偿服务，比赛的舞台走台、对光规范，都是有口皆碑，至今仍为舞蹈界所称道。

"小白鹭"作为国内唯一的专业民间舞蹈团体，始终坚持传播、弘扬、创作优秀的中国民族民间舞蹈，创作具有闽台特色的作品，获得中央、省级比赛一百多个奖项，在国内众多舞蹈团体中独树一帜。舞团先后出访四十个国家和地区，以其国家气派、民族风韵、厦门特色而表现出独有的文化追求、艺术个性和创新精神，赢得"中国民族艺术之花""中国民族民间舞蹈的国家形象"的赞誉。舞团曾八次飞越海峡巡演，为两岸的文化交流做出贡献。2001年，小白鹭民间舞团作为北京申奥揭晓前夕国家唯一以中俄友好名义派赴莫斯科的舞团，贡献突出，荣膺中国人民对外友好协会颁发的"中俄友谊纪念奖章"；2004年，小白鹭民间舞团赴保加利亚参加第二届中国艺术节，大获成功，受到外交部、文化部联合嘉奖；同年，"小白鹭"又赴德国参加在不莱梅举办的奥林匹克国际合唱比赛接旗仪式，并呈上一场以"中国厦门之夜"为主题的精彩晚会，演出引起轰动，荣膺组委会特别荣誉奖。作为中国民族民间舞的守护者，"小白鹭"在特区的蓝天下展翅高飞，把极具民族风韵的婀娜舞姿和美丽光影留在了世界各地。

再创辉煌

　　实践证明，"团校合一"为舞团和艺校带来了双赢。2006年，厦门数百万市民票选小白鹭民间舞团为"厦门十大城市名片"之一，上榜的理由是"世界因她而认识厦门，厦门因她而享誉世界"；2008年，厦门艺术学校在半个月内接连通过省级重点与国家级重点艺术中专学校评估，被公认为中国艺术教育体制创新的典范。

　　2009年，为"小白鹭"呕心沥血的老校长曾若虹退休后，种俐俐成为学校和"小白鹭"的掌舵人。她继续坚持"团校合一"模式，上任后延续每年举办新年舞蹈晚会的惯例，在短时间内策划出《舞宴》这台晚会。她意识到，"小白鹭"一定要做大做强，才能保住这块招牌，避免被合并。她心中还有一个愿望，就是"小白鹭"要做自己的大作品。国内其他舞团都获过文华奖、优秀剧目奖，而"小白鹭"的综合性大型创作一直是空白。以前有几次都已经策划实行，但又因经费不足搁下了，这次她下定决心，一定要带领"小白鹭"编排自己特色鲜明的精品力作。

　　然而，前进的道路并非一马平川，有时也会遇到波折。2012年，文艺体制改革的浪潮波及了"小白鹭"，市里有领导提出让厦门小白鹭民间舞团与厦门歌舞剧院合并，再将艺校和音乐学校合并。种俐俐听闻消息后犹如晴天霹雳，这是她来到厦门后最为难过的时刻。"小白鹭"是全国唯一的专业民族民间舞团，是厦门的十大名片之一，而厦门艺校已经发展为全国重点中专，这独特的"团校合一"经验全国都在学习，怎么能轻易分开？既然是对的就应该坚持下去！于是她和"小白鹭"的同事们日夜讨论应对措施，由黄汉忠、李莉莉老师主笔起草说明方案，她亲自带着时任副团长林乃桢到处找领导沟通，呼吁保留"小白鹭"独立建制，经常是说着说着就泪流不止，走到哪哭到哪，林乃桢的一双大眼睛哭得布满红血丝。他们诉说着艺术团体的心声，恳求厦门特区能够特事特办。市领导深受感动，收回了原先的计划。

▲ 优秀的"小白鹭"人

　　2012年9月，厦门小白鹭民间舞团挂牌"厦门小白鹭民间舞艺术中心"，11月，种俐俐策划、出品的闽南风情舞蹈诗《沉沉的厝里情》摘得第九届中国舞蹈界最高奖"荷花奖"舞剧、舞蹈诗比赛作品金奖，成为"小白鹭"的又一次高光时刻。

　　这部作品从编导到演员，都与"小白鹭"有着割舍不断的情缘。编导靳苗苗，主演卓然、李鑫，都是由厦门艺术学校培养起来的纯正"小白鹭"，黄新作为第一代"小白鹭"登上舞台，饰演媒婆一角，为舞蹈诗增添了一份活力，2008级的艺校学生也在实习期间参与了演出。

　　为了迎接十周年团庆和福建艺术节，"小白鹭"舞团决定创作一台具有闽南风土人情的舞蹈作品。北京舞蹈学院原副院长、"厦门班"原班主任明文军老师根据舞蹈团演员少的实际情况，提议让编导靳苗苗来做一台小而精的舞蹈诗。当时苗苗的孩子才三个月大，但考虑到与"小白鹭"深厚的情谊，她最终接受了这个艰巨的任务。

　　开排是6月，要赶着参加11月的福建艺术节，时间很短，又是夏天，天气炎热，演员汗流浃背，周末也不让休息，大家抵触情绪很大。那天，苗苗老师进了练功厅，却发现里面空无一人，原来演员集体"罢工"了。

▲ 工作团队商讨创作方案（左起：种俐俐、黄汉忠、高国庆、侯南疆、黄新、林乃桢）

　　种俐俐急了，紧急召集大家开会沟通，她说明了"小白鹭"的处境和未来的发展，希望让孩子们理解她的苦心，最后她斩钉截铁地说："要不就辞职，要不就进排练厅！"会后，桌上放着白纸，想走就现场写辞职信，不想辞职的就到排练厅。最后，并没有人走上前拿走那张白纸。其实，演员们是因为排练辛苦，只是想闹出点动静，发泄一下怨气，并不舍得离开这个大家庭。思想通了，回到排练厅，大家还是跳得很卖力。

　　靳苗苗的导演风格很重"情"，她在编创时走人物的内心情感路线，每次排练都要求很高，启发演员时对情感的要求也很细致。为了增强演员们的表演技巧，她们特意从北京请老师前来教授表演课程，还要求每个演员为自己在剧中扮演的角色写人物小传，充分体会人物内心的情感。令种俐俐印象深刻的是，苗苗导演排练节目一丝不苟。卓然扮演女主角阿月，这个角色虽然没什么高难度的技巧，但是表演一定要动人，必须演出阿月从小时候的单纯到老时的沧桑感。刚开始，卓然一直无法进入角色，苗苗很不满意。开创作班子会议时，她对着卓然喊道："你再这样，就一定要换人！到北京借调一个人来演！"边说边激动地拍桌子，把手都拍红了。卓然哭了，哭得眼睛都肿了。

这时，种俐俐出来解围，她对苗苗说，演员年纪还小，没有生活体会，请再给她一次机会吧。卓然很珍惜这个机会，认真琢磨角色，刻苦排练，终于不负众望，得到导演和众人的认可。对于卓然来说，演出成功是一个巨大的飞跃，这也证明了"小白鹭"的潜力是无限的。

10月6日正是厦门小白鹭团庆的日子，舞蹈诗正式演出了。专程从北京赶来的明文军老师看了觉得很好，中宣部文艺局的领导也说好，大家心里的石头才算落地。让种俐俐十分感动的是，苗苗的爸爸也是老艺术家，他看完演出记了两百条意见。接受各界批评后团队调整细节，紧接着是参加10月在龙岩市的福建艺术节。竞争很激烈，当晚开赛前的联排一切完好。演出即将开始，评委以及各地赶来的观众坐满剧场。然而，天有不测风云，剧场突然断电。厦门的领导急，舞台技师急，大会主办方急，"怎么啦？有人破坏啦？"只听到台下的嗡嗡声，后台静得让人窒息。"没有舞台灯光，就用大白光，我们行！我们能演！"演员们异口同声。40分钟过去，剧场只亮了三分之二的舞台光，演出却是从来没有的好，观众掌声雷鸣，演员也情不自禁地为自己鼓掌。此次艺术节的音乐、舞蹈等共15台节目，厦门小白鹭的剧目评分是第一，评委认为这是最好的一台。当晚，演出结束，参演的厦门艺校的孩子连夜要赶往福州，参加第二天的高考艺考。全体"小白鹭"演员卸妆后，纷纷主动赶来送行，在车上和同学们紧紧拥抱，祝福同学们考好。这个感人的场景，形象地诠释了什么是"团校合一"。

演出结束后，导演靳苗苗深有感触地说："'小白鹭'里的每个演员甚至包括后勤人员，都在为这部舞蹈诗的成功而努力。这里就像一片艺术的净土，所有人都很纯净，都在为了一个共同的目标而努力，倾尽所有去实现艺术理想。"

《沉沉的厝里情》获得第十届中国艺术节"文华优秀剧目奖"，第九届中国舞蹈"荷花奖"舞剧、舞蹈诗作品金奖。《中国文化报》评论称

▲ 上左：《沉沉的厝里情》总导演靳苗苗在排练中
　　上右：《沉沉的厝里情》女主角阿月的扮演者卓然（右）是厦艺培养的学生
　　中左：《沉沉的厝里情》创演时，种俐俐（左四）与总导演靳苗苗（左三）、执行导演李伟斌（右一）、曾若虹（左二）、卢荣祁（左一）合影
　　中右：《沉沉的厝里情》在北京舞蹈学院舞蹈剧场演出后演员合影（二排右四：种俐俐，二排右五：林乃桢）
　　　下：《沉沉的厝里情》在北京舞蹈学院剧场演出后集体合影

此作品在北京舞蹈界引发了"精神地震"，包括中国舞蹈家协会分党组书记、副主席冯双白等在内的一系列专家学者，都对该剧给予上佳的评价，称其是近年来舞蹈界不可多得的一部"讲人话、述人情、接地气的好作品"。中国民族民间舞的泰斗级人物和奠基者、北京舞蹈学院学术委员会副主任潘志涛在看完《沉沉的厝里情》后，流着泪对种俐俐说："感谢上苍，给了中国民族民间舞这么好的一个团队，我们的中国民族民间舞有希望了！"那一刻，种俐俐亦是泪流满面。对于事业，对于种俐俐，对于舞蹈诗来说，要感恩的东西太多了，没有厦门市委、市政府的高度重视，没有厦门市文广新局（现厦门市文化和旅游局）的全力支持，没有母校北舞的关爱，没有艺校师生及演职员的理解配合，这个理想是不可能实现的。

▲ 2018年，厦门市舞蹈家协会第五次会员代表大会合影，是年，种俐俐（一排左六）卸任厦门市舞蹈家协会主席，任厦门市舞蹈家协会名誉主席

播撒希望的种子

　　种俐俐对艺术的追求始终如一，即便是在文艺界艰难转型的改革开放初期，她也从未下歌舞厅"走穴"。那一年，车祸后身负重伤，她也不放弃创作、参演舞剧的机会。当聚光灯不再为她亮起，她步入课堂不改热情，全情投入。她参与创作的舞蹈、舞蹈诗获得国家级奖项，带领"小白鹭"首次取得舞蹈界最高奖项"荷花奖"金奖，在厦门艺术学校和厦门小白鹭民间舞团身兼二职，以团、校为家，献身艺术，以身作则。她一生获得无数荣誉：国家一级导演，厦门市舞蹈家协会名誉主席，厦门市劳动模范，两次当选福建省人大代表……但对她而言，名誉都是身外之物，不变的是她对舞蹈艺术的挚爱。她感恩厦门，这座充满机遇的城市，给了她这个外来者施展才能的无限空间。

　　2017年9月，种俐俐年满60周岁，正式退休了。退休之后，她仍然关心"小白鹭"和艺校的发展，积极参与民族民间舞考级、师资培训、少儿舞蹈、美育教育等活动，力求从专业的角度改变业余舞蹈的现状，让普通观众感受到舞蹈的魅力。

▲ 中国民族民间舞考级中心组织在云南采风时合影

　　2015年，她经由导师潘志涛推荐，加入了中国民族民间舞蹈考级队伍，成为国家级民族民间舞考级的考官。2014年至2022年间，她作为考官，走遍福建、广东、甘肃、陕西等地区近千家艺术院校及培训机构，走向更广阔的天地，播撒艺术的种子，传播民族民间舞文化。与此同时，她还积极投入承办福建省民族民间舞考级中心工作，参与策划"白鹭杯"青少年舞蹈节活动，到各地开展公益舞蹈讲座，在专业舞蹈比赛及大型综艺活动中担任评委。她的爱人赵星仍然默默地支持她的工作，挑起家务重担，有时还驾车陪她到几百公里外担任考官。

▲　上："白鹭杯"青少年舞蹈节展演合影
　　下左：种俐俐参加"文艺大讲堂"公益舞蹈讲座
　　下右：种俐俐进行美育教育

有人对种俐俐说："你已经功成名就，退休后衣食无忧，大可不必如此奔波劳苦。"她回答说："我还有余热，参与这些活动，也是继续为艺术发光发热的一种方式。"在她的心目中，舞蹈就是这个世界上最美好的事业。

多年前，《中国妇女》杂志曾评价种俐俐是"一朵不谢的小花"，是的，这朵小花经历过艺术的阳光雨露的浸润，已经结出硕果，即便落地也要播下希望的种子。

▲ 不忘初心，播撒希望的种子

第二辑　舞台风华

青春芳华

▲ 1976年，种俐俐展现飞跃的舞姿

▲ 1978年，种俐俐练功留影

▲ 1978年，种俐俐练功留影

▲ 种俐俐练功留影

▲ 1988年，种俐俐在敦煌文物院留下舞姿

▲ 种俐俐练功留影

▲ 种俐俐练功留影

▲ 种俐俐练功留影

曼舞岁月

芭蕾舞剧《白毛女》（1972年）

（扮演喜儿）

芭蕾舞剧《红色娘子军》（1974年）
（扮演吴清华）

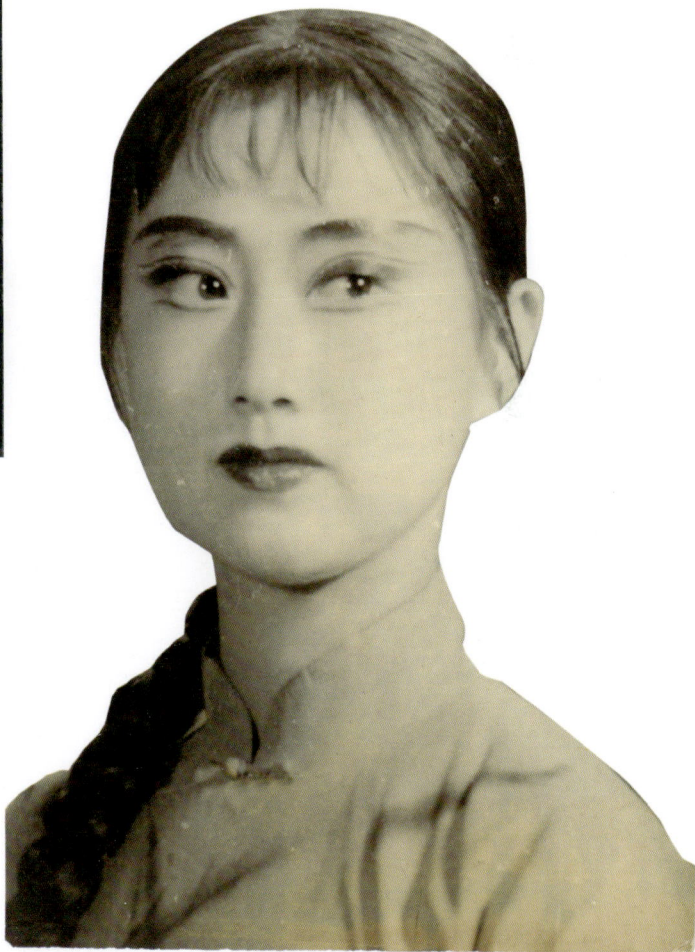

民族舞剧《小刀会》（1977年）

（扮演周秀英）

芭蕾独舞《天鹅之死》

▲ 芭蕾舞剧《天鹅湖》二幕（扮演者：种俐俐、陈易忠）

《西班牙舞》

（表演者：种俐俐、芦会文、陈易忠、陈义宗）

《西班牙主题》

（表演者：种俐俐、陈义宗）

独舞《胡旋舞》（1980年）

（荣获第一届全国舞蹈比赛鼓励奖）

古典独舞《碧云飞》（1980年）
（参演第一届全国舞蹈比赛）

民族芭蕾舞剧《鱼美人》（1980年）

（扮演鱼美人，陈易忠扮演男主角）

▲ 双人舞《蛇舞》（表演者：陈易忠、种俐俐）

独舞《牧民的喜悦》（1983年）
（荣获甘肃省舞蹈观摩演出一等奖）

独舞《木兰出征》（1983年）

（荣获甘肃省舞蹈展演优秀演员称号）

独舞《伎乐天》（1986年）

（荣获第二届全国舞蹈比赛优秀演出奖）

古典独舞《春江花月夜》

傣族独舞《泼水姑娘》

▲ 1986年，甘肃省电视台国际部拍摄电视专题片《耕耘在民族舞的艺苑里——记青年舞蹈演员种俐俐》时出外景，种俐俐表演傣族独舞《泼水姑娘》

▲ 1986年,甘肃省电视台国际部在甘南草原为种俐俐拍摄电视专题片时合影(一排：灯光师张晓南，二排右起：摄影师纪之奇，导演、国际部主任闵有德，种俐俐，赵星，编辑张洁，司机康永青)

轻歌舞剧《搭错车》（1987年）

（扮演阿美）

▲ 阿美和父亲起舞（李澄明扮演父亲）

▲ 阿美和恋人双人舞（陈易忠扮演恋人）

▲ 演出单位：兰州市歌舞团

朝鲜族独舞《长鼓舞》

▲ 农村演出

▲ 舞台演出

独舞《猪八戒背媳妇》

朝鲜族独舞《养猪姑娘》

独舞《雀之灵》

（1989年，荣获兰州市迎接新中国成立四十周年文艺会演舞蹈一等奖）

▲ 种俐俐告别舞台照

创作教学

创作处女作、敦煌舞《六臂飞天》（1987年）

▲ 1987年，种俐俐创作处女作三人舞《六臂飞天》，由兰州市歌舞剧院于1999年赴台湾地区演出（表演者：田青、李琦、张琼）

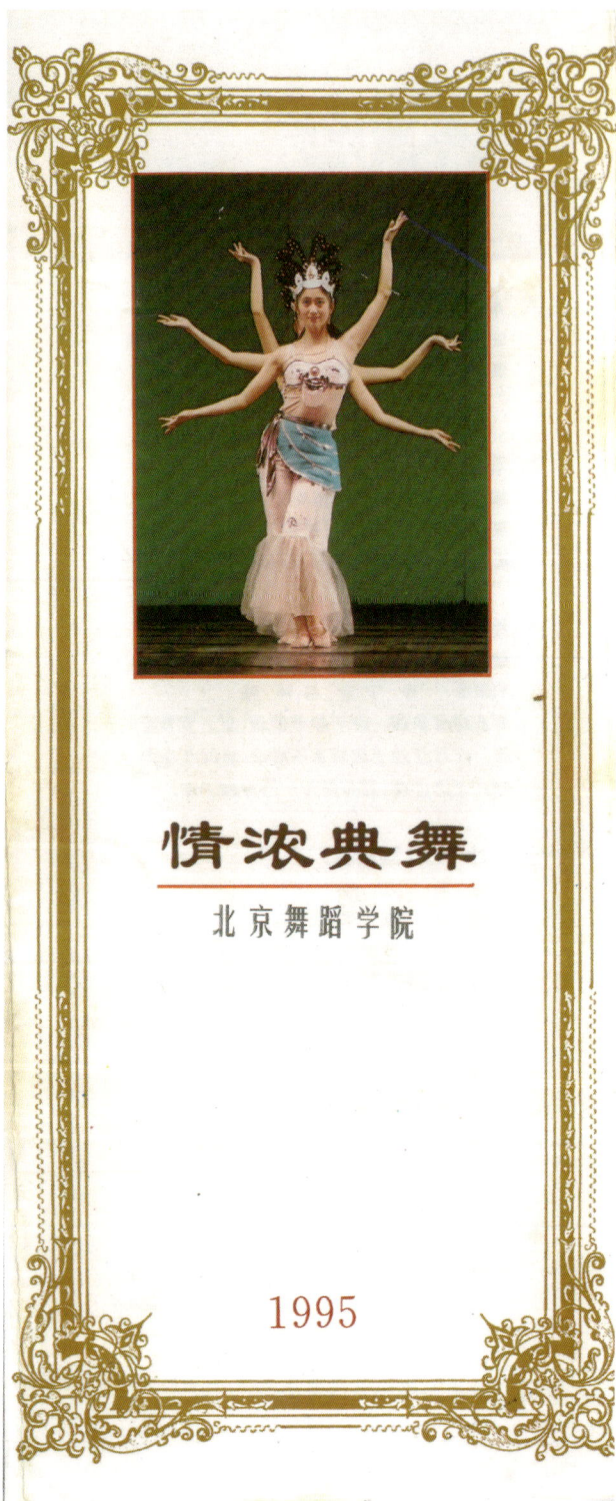

情浓典舞

北京舞蹈学院

1995

▲ 北京舞蹈学院《情浓典舞》节目单，封面舞蹈为种俐俐创作的《六臂飞天》

群舞《海那边》（2004年）

（荣获第六届全国舞蹈比赛群舞表演一等奖、创作二等奖）

▲ 演出单位：厦门小白鹭民间舞团

群舞《阿婆的幸福生活》（2009年）

（荣获全国第九届"桃李杯"舞蹈比赛群舞表演一等奖的园丁奖）

▲ 演出单位：厦门艺术学校

参与创作、指导群舞《海上民谣》（2012年）
（荣获全国第四届中小学生艺术展演活动艺术表演类舞蹈一等奖、节目优秀创作奖）

▲ 演出单位：厦门艺术学校

舞蹈诗《沉沉的厝里情》
（荣获文化部第十四届文华奖"优秀剧目奖"、
第九届中国舞蹈"荷花奖"舞剧、舞蹈诗作品金奖）
（种俐俐担任出品人、艺术总监）

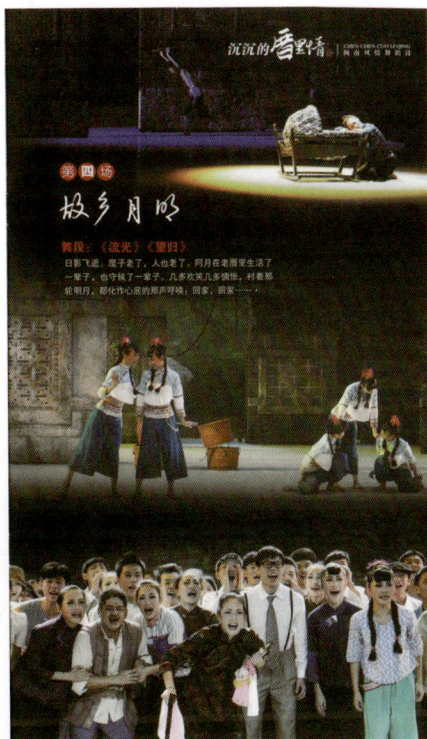

▲ 演出单位：厦门小白鹭民间舞团、厦门艺术学校

第三辑　艺术论谈

传承与发展

中国民族民间舞表演专业教学的一些思考

种俐俐

内容提要：1986年，厦门艺术学校与北京舞蹈学院联合创办了中国民间舞厦门试验班。该班于1993年毕业后组建厦门小白鹭民间舞团，并与厦门艺术学校团校合一，多年来，成功地走出了集教学、创作、表演三结合和艺术表演团体改革的新路子，不仅使中国民族民间舞蹈在厦门扎下根，而且得到进一步的发展。笔者将从四个方面对厦门艺术学校民族民间舞蹈教学经验加以总结。一、继承北京舞蹈学院编创的教学体系和方法，以形成中国民族民间舞蹈的主体风格；二、继承北京舞蹈学院编创的教学体系和方法，以提高学生的舞蹈表现力；三、排练和演出中国民族民间舞蹈的精品节目，加强学生的艺术实践；四、为使学生能够有更宽的就业面和更多的选择机会，在北京舞蹈学院教学内容的基础上加以开拓和发展，走多元化发展的道路。

关键词：厦门艺术学校　小白鹭民间舞团　中国民族民间舞　多元艺术风格

厦门艺术学校是全日制中等专业艺术学校，前身是创办于1958年的厦门艺术学校及1976年复办的福建省艺术学校厦门戏曲班、福建省艺术学校厦门分校。为了适应艺术发展的要求，厦门艺术学校于1986年开始设置舞蹈专业，但是当时学校没有相应的师资力量，所以就委托北京舞蹈学院培养，北京舞蹈学院中国民族民间舞厦门试验班由此诞生了。这个班毕业回到厦门后，单独成立了全国第一个民族民间舞蹈团，并按全新的建团体制与厦门艺术学校实行团校合一，以达到资源共享、优势互补的效果。厦门艺术学校从此也就有了民族民间舞蹈表演专业，同时我们学校在当年招收了第二批民间舞表演专业的学生。笔者于1993年毕业于北京舞蹈学院中国民族民间舞系教育专业，当年与北京舞蹈学院厦门班毕业的学生们一起来到厦门艺术学校，开始了厦门艺术学校民族民间舞蹈表演专业的教学事业。

北京舞蹈学院厦门班毕业已经十三年了。毕业于这个班的演员，有的继续深造，有的或从事教学或担任编导，有的甚至走上领导岗位，依然活跃在舞台上的第一批"小白鹭"已经为数不多。然而，小白鹭民间舞团并没有因此走下坡路，她的生命力依然很强大。其主要原因，就其新生力量得到补充的角度，在于"团校合一，优势互补"的办学方针。十年来，我们学校已经培养出三批舞蹈新生力量，其中的优秀者不断补充到"小白鹭"的团队之中。小白鹭民间舞团现有演员二十四人，毕业于北京舞蹈学院厦门班的学生仅剩五人，除了外地引进的两名舞蹈演员之外，可以说，现在活跃在舞台上的小白鹭民间舞团的演员，有三分之二以上是厦门艺术学校自己培养的。事实说明，多年来，厦门艺术学校成功地走出了集教学、创作、表演三结合和艺术表演团体改革的新路子。在当代美国舞蹈界，或是舞蹈团拥有自己的舞蹈学校，或是舞蹈学校设有自己的表演团体，已经是一种较为普遍的发展舞蹈艺术的模式。这样既使得舞蹈团有源源不断的新人加入，也使舞蹈教育有一流的实践场所和机会，其优越性是显而易见的，完全符合舞蹈艺术人才培养与舞蹈事业可持续发展的要求。

团校合一的办学方针就为我们的舞蹈教学提出了明确的要求：适应当今舞台演出的需要，适应舞台艺术市场的要求，培养出来的学生首先能够与小白鹭民间舞团的艺术风格保持一致，为小白鹭民间舞团源源不断地提供新生力量。为了达到这一目标要求，我们在教学实践中做了许多有益的尝试。

一、坚持民族民间舞蹈的自我定位

为了保持与小白鹭民间舞团在艺术风格上的一致，为了保持厦门艺术学校民族民间舞专业的自我定位，我们在教学过程中严格遵循北京舞蹈学院的教学体系安排教学内容，以保证艺术风格的延续。

小白鹭民间舞团是中国第一个民间舞蹈团，所以她的艺术风格与中国民族民间舞蹈的艺术定位密切相关。笔者毕业于北京舞蹈学院中国民族民间舞系教育专业，所以直接秉承了北京舞蹈学院民族民间舞蹈的教学体系和教学方法。在教学的内容安排上，我们与北京舞蹈学院基本保持一致。我们将中国民族民间舞蹈置于教学内容的中心地位，全面开设了民族民间舞蹈的"汉、藏、蒙、维、朝"五大主干课程，并且使用北京舞蹈学院编创的教学体系和方法。有了这五大主干课程的教学内容，可以说基本形成了中国民族民间舞蹈的主体风格，也在学生的心目中确立了中国民族民间舞蹈的主体定位。或者说，通过这些内容的教学，学生们基本懂得了什么是中国民族民间舞蹈，也掌握了中国民族民间舞蹈的基本技法。正是依靠这些源自北京舞蹈学院民族民间舞蹈系创编的教学内容，我们才能够将中国民族民间舞蹈从北京舞蹈学院这所中国舞蹈艺术的最高学府移植到祖国的东南海滨。

我们离开北京舞蹈学院已经十年了，但是我们从来没有中断与母校的联系，这既是因为与母校的那份情感，更是由于艺术传承的需要。为了保证民族民间舞的自我定位更加清晰，为了不断接受北京舞蹈学院的专家和教师们的最新教学成果，使我们的教学一直保持在一定的水准上，十年来，我们坚持"请进来，走出去"的方针，聘请北京舞蹈学院的教授和专家来我校直接参与教学和指导学生排练。例如，中国民族民间舞蹈大师贾作光先生和北京舞蹈学院潘志涛教授多次来我校指导教学工作，赵铁春、明文军副教授为小白鹭民间舞团首创并排演大型舞蹈《东方红》，该舞蹈已经成为我校的保留剧目，为我校学生理解和掌握中国民族民间舞蹈的自我定位提供了优秀的范例。

我们学校作为北京舞蹈学院中国民族民间舞系毕业生的实习基地，每年都有2—3名毕业生来上实习课。这些学生工作认真，业务素质好，他们带来了北京舞蹈学校良好的校风和新的教学成果，对我们传承民族民间舞蹈的艺术传统、保持民族民间舞蹈的自我定位，起着重要的作用。

厦门班中的优秀学生，在演出之余，直接参与我们学校的教学工作。当他们取得了一定的艺术实践的经验之后，再返回到母校去继续深造。他们虽然在毕业之后不一定回到厦门，但是他们依然心系厦门，为我们学校的教学和排练做出自己的贡献。

　　总之，通过以上种种途径，我们厦门艺术学校的民族民间舞表演专业的教学工作取得了很大的成果。在北京舞蹈学院持续不断的关注下，在各位专家和老师的热情帮助下，经过学校舞蹈科教师们的共同努力，可以说，中国民族民间舞蹈已经在厦门艺术学校生根、开花、结果。正是因为我们学校与北京舞蹈学院之间的这种学源关系，我们才能够在十年内培养出三代学生，他们源源不断地充实小白鹭民间舞团，使其一直能够保持活力。

　　我们学校与小白鹭民间舞团排练演出一些共同的保留节目，也是我们与小白鹭民间舞团能够保持风格一致的重要原因。保持这一风格的一个基本前提是对演出作品与保留剧目的选择。近十年来，我们排演了近百部作品，无论是上演节目还是保留剧目，全部都是中国各民族的民间舞蹈艺术的精品，比如汉族民间舞蹈《东方红》《自古英雄出少年》《扇妞》《春天》《喜庆秧歌》、蒙古族民间舞蹈《奔腾》《走回大草原》《逗驹》、维吾尔族民间舞蹈《只爱你一个》《维吾尔人》、藏族民间舞蹈《母亲》《高原云踪》、朝鲜族民间舞蹈《铃铛舞》《长鼓舞》、彝族民间舞蹈《阿嫫惹妞》《阿咪子》、傣族民间舞蹈《孔雀飞来》《鱼趣》等。这些舞蹈作品的演出，能够使学生充分体会民族民间舞蹈的定位与艺术风格。同时，由于经常与小白鹭民间舞团的演员同台共演，我们舞蹈专业的学生与小白鹭民间舞团的演员在艺术风格上更接近。由于我们的保留节目大都是中国民族民间舞蹈艺术近年来创作的精品，所以也使我们的学生能够保持较高的艺术品位。

　　另外，我们在北京舞蹈学院教学的基础上，让高年级的学生直接面对原汁原味的民族民间舞，以提高学生的舞蹈表现力。我们请蒙古族舞蹈专家斯琴达日哈两次来我校传授蒙古族舞蹈课程，使我校具备了蒙古族舞蹈的全部基础训练教材。

　　厦门市地处闽南，这里有独特的民间舞蹈素材，比如拍胸舞、彩婆、钱鼓等，我们将这些民间舞蹈也列入了教学内容之中，并且在加工提炼的基础上，创作出一些舞蹈作品作为保留节目。闽南民间舞蹈的特点是优美、小巧，充分体现了当地人民的个性特色。不过，这种努力只是开始，还没有形成系统的教学大纲，这有待我们继续努力。

二、多元艺术风格的探索与尝试

然而，在教学与艺术实践过程中，我们也面临一些新的困难与挑战。这种困难与挑战，既是我们厦门艺术学校必须面对的，也是小白鹭民间舞团必须面对的，同时也是中国民族民间舞蹈必须面对的。这种困难与挑战，主要源自中国经济市场化发展的大趋势。文化艺术产品的市场化问题，日益严重地摆在每一个艺术工作者的面前。无论我们在感情上是否认同这种趋势，但是现实告诉我们，要想生存和发展，必须在市场经济的大潮面前，调整自身，改变自身，以求得更宽阔的发展空间。

我们是中等艺术专科学校，虽然走的是"团校合一"的办校道路，但是学校，尤其是中等专科学校，有其自身的特点和发展要求，学校也需要自我生存的能力，学校的生存发展有赖于源源不断的生源，这是一个既现实又残酷的事实，我们必须正视它。生源的保证，来自学生毕业后的出路。小白鹭民间舞团虽然需要不断补充新生力量，但是它的容量毕竟有限，每届的毕业生远远大于小白鹭民间舞团对舞蹈演员的需求，同时，学生也具有双向选择的权利，他们或者想参加高考，或者要去其他城市的舞蹈团谋求更大的发展空间，这些都是完全合理的，过窄地限定其舞蹈表现能力，不利于人才的发现和培养。当然，还有一些学生渐渐不适合舞蹈艺术发展的要求，那么他们的去向该怎么办？这不仅是学生的就业压力，更是我们办学的压力，所以我们在"团校合一"的同时，还必须考虑怎么使学生能够有更宽的就业面和更多的选择机会。

作为一个中等艺术专科学校，不能让学生只掌握民族民间舞蹈，所以我们还开设了所有舞蹈专业都需要的普适性课程，比如芭蕾基训课、中国古典舞身韵课、现代舞、编导课以及毯子功、技巧课、表演课、初级钢琴课等。

　　这样的教学内容既提高了学生的艺术表现力，也提高了学生未来的工作适应能力。然而，在考虑学生的工作适应能力的同时，又不能改变我们的传统，这就产生了一个矛盾，即中国民族民间舞蹈的自我定位与芭蕾舞、中国古典舞和现代舞之间的关系。在艺术传承和风格上，它们是完全不同的。作为一个舞者来说，学习舞蹈首先是掌握某一种舞蹈风格，掌握一种舞蹈风格是舞蹈表现能力的获得，同时也可能是一种障碍，使他们对其他舞蹈艺术风格的掌握有了困难。所以，我们在教学内容的安排上，一开始就要求学生掌握多种风格，尽量不让学生被某一种舞蹈风格限制住手脚。

　　坚持中国民族民间舞的风格与气派并不是回到传统中去，这是众所周知的常识。对于中国民族民间舞蹈来说，从北京舞蹈学院培养这批学生开始，所使用的教学内容基本上是对传统和民间舞蹈素材的整理与提高，是融入了艺术教育家们自己的现代审美意识的再创作。广泛流传在民间的舞蹈素材，经过舞蹈艺术家的收集、整理，在编创一些具有代表性的作品的同时，以一种舞蹈组合的形式进入课堂，形成了规范的民间舞蹈教学体系。它们代表了时代的审美追求，经得起岁月考验。所以，今天我们看到的民族民间舞蹈，它既是传统的，更是现代的，比如舞蹈《新阿里郎颂歌》，以朝鲜民族舞蹈的语汇为基本素材，用当代舞的编创手法对朝鲜族的民间传说做出现代人的理解和解释，一改传统朝鲜舞蹈的柔媚与含蓄的风格，展示了朝鲜族人的现代风貌，对民族民间舞蹈的现代化发展做出了有益的探索和尝试。该作品由我校1999级在校生表演，参加2003年第七届"桃李杯"舞蹈比赛，荣获创作三等奖和表演二等奖。

　　面对市场的压力，也就是面对现代人的审美变化，观众更需要的是表现当代人的生活、思想和情感。土生土长、原汁原味的民族民间舞蹈在很大程度上已经不适应现代人的欣赏口味，单一的民族民间舞蹈的未来发展就会比较困难。所以，小白鹭民间舞团要冲破条条框框，走多元化发展的道路，我们艺术学校的民族民间舞专业更应该走多元化的道路。

　　其实，舞蹈作为一种艺术形式，在人们的审美活动中占据重要地位。

它既有深厚的历史积淀和文化底蕴，又能够敏锐地反映特定时代的审美意识。随着西方文化在中国的传播，中国人传统的审美观受到很大的冲击，这种冲击带来的审美欣赏方面的变化对中国民族民间舞蹈产生了重大影响。首先，产生了这种影响的是西方的芭蕾舞，它打破了中国传统审美对圆形美的追求，人们的审美意识显然走向了多样化，在造型上，不再以圆形线条为最美，而是追求棱角分明，开始喜欢长线条。舞蹈的圆场，手与脚位的圆造型都被突破。芭蕾舞对中国民族民间舞蹈最突出的影响是绷脚面动作，这是加长线条的典型手段。所以说，我们今天定位的所谓"中国民族民间舞"，经过现代人的提炼与加工之后，已经不再是它的原始面貌，我们从北京舞蹈学院继承的传统为我们提供了进一步发展的可能。

民族民间舞蹈，有的是祖先留给我们的历史文化遗产，它们是当时的生活写照，有的是远离都市的乡村人的生活写真。可以说，民族民间舞蹈的根在现实生活之中。然而，生活在都市里的人们，他们的情感如何用舞蹈表现呢？这往往是传统的民族民间舞蹈所无能为力的，这也是民族民间舞蹈失去现代青年观众的一个重要原因。当我们表现重大的现代题材的时候，我们如何用舞蹈形象塑造现代人呢？显然不能再用秧歌与花灯一类的原始素材。这次我们在为第六届全国舞蹈比赛创作反映海峡两岸题材的当代舞蹈《海那边》的时候，就面临这样的困难，是恪守民族民间舞蹈的自我定位，还是自由地表现现代人的思想和情感呢？我们选择了后者。实践证明，我们成功了。当《海那边》被评为观众最喜欢的作品时，我们选择走多元化发展道路的决心更加坚定了。当然，我们不会离开传统，不会失去我们对民族民间舞蹈的主体定位。多元化的发展必须以继承传统为基础，多元化中，民族民间舞蹈永远是最基本和最重要的一元。

本文于2004年荣获中国中等艺术教育学会第十八届年会论文一等奖

创排《海那边》有感

种俐俐

　　第六届全国舞蹈比赛期间，厦门选送的舞蹈《海那边》获得了群舞表演一等奖、创作二等奖和唯一的观众最喜爱的节目奖、演员奖。《海那边》的创排，可以说是一次大胆的尝试。

　　浅浅的海峡是中华民族最深的乡愁。厦门是对台工作的前沿阵地，为了更好地体现这一特色，"小白鹭"找来了北京解放军艺术学院的舞蹈教师郭峰担任舞蹈的编导，我也一起参与这一重大题材的创排。我们不断地品味着这句话的思想内蕴，找到了契合点，决定把两岸人民的母子、父女、兄弟姐妹、恋人等种种亲情融合在一起，用当代舞的形式演绎，表达两岸人民渴望统一的共同心声。整个舞蹈大致由想念、思念、欣喜、团聚远去、期盼几部分组成。

　　主题确立了，而寻找合适的主题曲是一个极为艰难的过程，几经周折，终于在网上找到一首由北京个体作曲家刘三藏写的《台湾，我的兄弟》，越听越觉得这个曲子很优美、很感人，非常适合我们这个主题的舞蹈。接着，我们首尾保留曲子的原型，在中间加入一些新的音乐元素，最后经过几位音乐家的通力合作，终于制作出一首8分多钟的舞蹈曲子。

　　再来是挑选一批好演员来诠释这个节目。我们精挑细选出小白鹭民间舞团和厦门戏曲舞蹈学校的24位精英。他们从未排练过当代题材的作品，对他们来说，难度无疑是巨大的，但演员们都以满腔的热情全身心地投入排练。演员在编导的指导下，每一次投入的表演都深深地感染了我。当戏排到最高潮部分时，24个演员站成两排，飞奔交叉拥抱，象征着母子团聚、兄弟团聚、姐妹团聚、恋人团聚……最后又被迫无奈地分开。此情此景，我都会有种揪心的感觉，情不自禁地落泪。为了使舞蹈更加精美，我们还请来了2003年国家精品工程唯一入选的舞剧《红梅赞》的编导杨威前来指导。《海那边》还有一个新颖之处，演员们的服装就像生活中年轻人的时尚装束一样，颜色相同但款式各异，衣服上还带有几缕红色的装饰。它表明，每个人虽然是不同的个体，但又是血脉相连的亲人，红色暗示着长久以来存留在我们心里的伤痛，暗示着两岸人民正在淌血的心。海峡亲情是隔不断的，"海那边"，既是我们在思念"海那边"的台湾同胞，也是台湾同胞在"海那边"遥望着海这边的我们。

以往只用一些"风筝断了飘到海那边去"的意象来表达海峡两岸最大的乡愁，《海那边》开创了用舞蹈的肢体语言来表现海峡两岸人民的思念之情的先河。

原载于《厦门晚报》，2005年7月31日

▲ 2004年，编排《海那边》时，特邀请专家们指导（左起：郭峰、高国庆、苏时进、肖苏华、杨威、曾若虹、种俐俐）

守望丰饶的家园

民间舞头部动态的风格特征

种俐俐

　　舞蹈，是以人体的运动表达思想感情的艺术门类。不同的民族，由于各自的生活习俗、地理环境、历史渊源和文化传统的不同，在表现方式和创作心态上也各有风格特征。按照古希腊美学中关于人体美的黄金分割比例学说，头部应占人体比例的七分之一，而在以人体的运动来表达思想感情的舞蹈艺术中，头部则更是一个不可或缺的重要表演区域。头部动态不仅能表现出喜、怒、哀、乐等情绪变化，更能体现一个民族所共有的性格特征。以下，笔者仅就头部动态在中国民族民间舞中的风格特征与掌握，谈一些自己的看法。

一

　　我们知道，东方的舞蹈注重手的表现，即通过手的形态变化表达内心微妙的情感，而西方的舞蹈则更侧重于腿和脚的变化，所以西方的舞蹈往往具有丰富多彩的舞步和跳跃以及旋转等特征。同样，头部动态在东西方舞蹈中有着明显的不同。东方的民族表达情感大多数趋于委婉含蓄的表现方式，因而头部的动态通常以含额为典型特征，西方的民族表达情感则恰恰与东方民族相反，大多数倾向于明显开放的表现方式，所以，扬额往往是西方舞蹈头部动态的典型特征。

　　在中国舞蹈中，头部的运用是非常丰富的，如古典舞的"亮相"就是一个非常突出的典型，再如朝鲜族舞蹈中男子的"桑达"、维吾尔族舞蹈中女子的"动脖"、回族舞蹈中的"点额"也都具有代表性。由此可见，头部的动态在舞蹈艺术中具有非常重要的位置。然而，在舞蹈的教学过程中，我们有很多的演员或学生，往往只注意了四肢和身体的动态、动律变化而恰恰忽略了对头部动态风格特征的正确把握，因此，在具体的表演中无法把作品的风格和韵味表现得淋漓尽致，造成一些不应该有的缺憾。

二

所谓的民族民间舞蹈，简言之，就是指某个民族和某个地区所独有的、具有鲜明的民族风格和地方特色的传统舞蹈形式。它们源于生活，与生活有着密不可分的关系，它们表现的也大都是生活中的民俗活动。

中国北方的蒙古民族，是一支草原上的游牧民族，多少年来，艰苦的生活环境磨炼出他们粗犷豪放的性格和彪悍健壮的体魄。蒙古族舞蹈的体态动律具有十分明显的特征：女子舞体态为后点步位，男子舞为前点步位，上身略后倾，颈部稍后控，造型动作十分典型，在动作流动中也不失这一基本特点。这种粗犷开阔的体态成因是与蒙古族人民的草原生活及审美选择有直接关系的。颈部稍后控，这一头部动态特征，按个人理解，这是因为蒙古族长期生存在人烟稀少、地域辽阔的大草原上，人们为了使自己的视觉角度符合这种天高地远的条件需要，逐渐形成了颈部稍后控这个头部自然态势，唯有这样，人的视野才能开阔，唯有这样，才能使其男子的"强健骁勇""伟岸敦厚"与女子的"端庄典雅""圆润温柔"的体态特征得到统一。如果我们忽略这一重要特征，那么在舞蹈表演中则必然不能做到传神尽意。

维吾尔族的歌舞艺术绚丽多彩，自古以来，新疆维吾尔族地区素有"歌舞之乡"的美誉。维吾尔族舞蹈的风格特征也极其鲜明，尤为突出的是头部动作丰富的表现力和强烈的感染力。其中，摇晃头、移动颈项最为典型，这是"赛乃姆"歌舞中很有代表性的动作。"赛乃姆"是一种普遍流行于新疆维吾尔族地区的自娱性很强的即兴歌舞，这种歌舞活泼欢快、多姿多彩。摇身晃头这个动作是在"挺而不僵""微颤而不窜"的动律特点上发展出来的一个潇洒奔放、不落窠臼、自由欢快的舞蹈词汇，只有正确地把握了"摇"与"晃"的分寸尺度，才能使其具有强烈的感染力。移动颈项，俗称"动脖"。据说这个动作源自古代丝绸之路上的歌舞，是取悦客人的一种挑逗性动作，在现今的维吾尔族女子舞蹈中，移动颈项得到了健康的运用，而且它还是维吾尔族女子舞蹈中常见的、具有代表性的动作语汇之一。这个动作对于塑造欢快、热情而俏皮的维吾尔族少女形象往往具有画龙点睛的作用。

在朝鲜族舞蹈中，头部动态与朝鲜族人民的生活习俗密切相关。我们知道，朝鲜族人民在日常生活中习惯于用头部负载重物，如顶水、顶箱子等，民族舞蹈中头部的动态总是保持平顶的基本特点，内心感受也总是与呼吸的一提一沉、节奏的快慢变化、身体的动静转换相一致，从而使舞蹈在平稳中体现出含蓄、典雅、飘逸的风格特征，尤其值得一提的是，头部动态在朝鲜舞蹈里的旋转技巧中表现得更为独特。具备舞蹈训练常识的人都知道旋转中的留头、甩头原理，然而在朝鲜族舞蹈中，旋转时头是固定不动的，头和身体保持协调一致的固定姿态，在旋转中速度不断加快，常常是把一个舞蹈作品推向高潮的重要手法之一。

汉族的民间舞蹈种类繁多，而且其风格特征也有着很大的差异，下面笔者将着重谈一谈东北秧歌、花鼓灯和胶州秧歌动态的风格特征。东北秧歌的基本体态是保持上身略前倾，下身膝部稍屈，这个基本体态的形成与原来东北秧歌表演中踩跷动作有关。上身略前倾、膝部稍屈是为了在踩跷中保持重心，这时头部动态应该是颔略下压，只有这样，全身上下才能形成"浪"的特点。花鼓灯的基本体态要求弧线上提，头应是身体弧线的一端，因而要有后脑前上提的感觉，自然形成拧倾中的三道弯的体态特点。在具体的动作中，还有颤起步回头望郎、刹止步三点头、三回头、狮子回头等具有鲜明个性的头部动态，充分体现出花鼓灯小巧玲珑、优美细腻、轻捷洒脱的南方性格。胶州秧歌的基本体态也是三道弯，但与花鼓灯不同的是，它是拧、碾、押中的三道弯。胶州秧歌里头部动态最有代表性的是腆腮的动态，它本身就是三道弯中的一道弯，通过这个动态，把胶州姑娘害羞含蓄、温柔多情的性格特点表现得淋漓尽致。

从以上的几点分析中，我们可以得出这样一个结论：身体的躯干和四肢通常表现出的是体态的动感美，而头部则体现出体态的神韵美，只有使二者有机地结合起来，融为一个协调、完美的整体，才能真正形成中国民间舞蹈特有的风格。

三

每个民族都有表现自己民族个性的舞蹈，同一个民族由于生活地域的不同，在各个地区的民间舞蹈也存在着非常鲜明的差异，而这种差异往往是通过舞蹈者的体态表现出来的。如果说掌握中国民间舞各舞种的基本体态是体现民间舞风格特征的关键所在，那么，正确把握头部动态特征的分寸尺度则是正确掌握民间舞风格及基本体态的重要环节。

诚然，在各个舞种之间存在着相同的地方，即共性的一面，但在教学过程中，笔者认为，明确各舞种之间的差异，即个性的一面，对于我们的学生具有极为重要的意义。特别值得注意的是，绝对不能混淆它们的差别，试想，如果我们把胶州秧歌中头部腆腮的动态安到花鼓灯的体态中去，虽然也具有三道弯的特点，但是却失去了花鼓灯那种弧线上提的体态特征。由此可见，头部动态的风格特征在教学中是不容忽视的，只有抓住了头部动态的风格特征，才能形成一个完善的舞蹈体态，才能真正表现舞蹈者心体合一的神韵之美。

头部动态永远是舞蹈者基本体态的一个部分，头部动态和身体其他部位动态的风格特征必须是和谐统一的，在教学中，切忌把头部动态与身体的其他部位分割开来。概言之，我们应该看到正确掌握头部动态的风格特征对于民间舞教学具有极其重要的意义，而掌握头部动态风格特征的关键在于认清它在各舞种之间的差异，并且正确地把握这些差异。这些差异在表演过程中有时就体现在动作的幅度大小上，需拿捏得非常准确，增之一分则太多，减之一分则太少。不能否认的是，头部动作在舞蹈表演中恰恰是中国民族民间舞特征显现的标志之一，我们期待着后学者在准确传承的基础上，在更深层次上进行寻索和拓展。

原载于《艺苑》，2007年第6期

▲ 2017年，种俐俐（左一）在甘肃陇南白马藏族采风时留影

▲ 2020年，种俐俐（右二）和导师潘志涛（右一）在云南采风时留影

发扬民族传统　体现时代风貌

浅谈厦门小白鹭民间舞团的艺术风格

种俐俐

　　建立于1993年10月的厦门小白鹭民间舞团，是中国第一个专业民间舞艺术表演团体。其前身是厦门特区与北京舞蹈学院于1986年合作创办的北京舞蹈学院中国民间舞专业厦门试验班。对这批学生的培养，可以说是北京舞蹈学院中国民间舞系长期探索中国民间舞蹈发展和教学的一个重要成果，它奠定了小白鹭民间舞团未来发展的基本的艺术风格。因此，从建团那天开始，弘扬中华民族的优秀舞蹈文化，探索中国民间舞的发展方向，创作丰富的中国民间舞蹈，繁荣中国民间舞舞台，就成了小白鹭民间舞团建设与发展的基本宗旨和艺术风格。

　　这一宗旨和艺术风格在小白鹭民间舞团建团近十年来的演出与艺术创作过程中，得到了很好的保持和发扬。在表演上，小白鹭民间舞团始终保持民间舞蹈的中国气派、中国舞韵、中国人的审美追求。可以说，中国人的民族精神在小白鹭民间舞团的演出与创作实践中得到了很好的弘扬。

　　保持这一风格的一个基本前提是对演出作品与保留剧目的选择。近十年来，小白鹭民间舞团演出了近百部作品，无论是上演节目还是保留剧目，全部都是中国各民族的民间舞蹈艺术的精品，比如汉族民间舞蹈《东方红》《自古英雄出少年》《扇妞》《春天》《喜庆秧歌》、蒙古族民间舞蹈《奔腾》《逗驹》、维吾尔族民间舞蹈《只爱你一个》《维吾尔人》、藏族民间舞蹈《母亲》《高原云踪》、朝鲜族民间舞蹈《铃铛舞》《长鼓舞》、彝族民间舞蹈《母亲的儿子》《阿咪子》、傣族民间舞蹈《孔雀飞来》《鱼趣》等。这些舞蹈作品的演出，不仅保持了小白鹭民间舞团的艺术风格，而且由于它们大都是中国民族舞蹈艺术近年来创作的精品，所以也保持了小白鹭民间舞团较高的艺术品位。排演这样高水平的民间舞蹈，使得小白鹭民间舞团无论是在国内还是在国际的演出中，都得到了极高的赞誉。小白鹭民间舞团多次出国巡回演出，饮誉海外，因为她不仅代表厦门，更代表中国。只有民族的才是世界的。民族舞蹈精品的名牌战略，是小白鹭民间舞团取得成功的重要因素。

　　坚持中国民族民间舞艺术的风格与气派并不是回到传统中去，这是众所周知的常识。对于中国民间舞蹈来说，从北京舞蹈学院培养这批学生开始，所使用的教学内容基本上是对传统民间舞蹈素材的整理与提高，是融入了艺术教育家们自己的时代审美意识的再创作。广泛流传在民间的舞蹈素材，经过舞蹈艺术家的收集、整理，在编创一些具有代表性的作品的同时，以一种舞蹈组合的形式进入课堂，形成了规范的民间舞蹈教学体系。它们代表了时代的审美追求，经得起岁月考验。所以，今天我们看到的民间舞蹈，它既是传统的，更是现代的。

　　舞蹈作为一种艺术形式，在人们的审美活动中占据重要地位。它既有深厚的历史积淀和文化底蕴，又能够敏锐地反映特定时代的审美意识。随着西方文化在中国的传播，中国人传统的审美观受到很大的冲击。这种冲击带来的审美欣赏方面的变化对中国民间舞蹈产生了重大影响。首先，产生了这种影响的是西方的芭蕾舞。它打破了中国传统审美对圆形美的追求，人们的审美意识显然走向了多样化。在造型上，不再以圆形线条为最美，而是追求棱角分明，开始喜欢长线条，舞蹈的圆场，手与脚位的圆造型都被突破。芭蕾舞对中国民间舞蹈最突出的影响是绷脚面动作，这是加长线条的典型手段。

　　中国民间舞蹈有其特定的风格，失去了这种风格就不再是中国的民间舞蹈了，但是一味因陈守旧又会失去观众，所以编创者为了创新，在不改变其风格的前提下，尽可能地让观众耳目一新。为了达到这一效果，编创者在创作过程中，改变了动作的单一性和重复性，如果动作需要多次重复，在其中必然有所变化，或是加入对比性动作，或是对所使用的基本动作进行方向、力度、幅度上的调整，使动作发展的内在逻辑呈现出多种可能性，打破传统民间舞蹈动作变化的可预期性，一反观众对动作变化的心理期待，从而使观众在观赏时感到变化莫测的新奇。

在舞台空间的使用上，打破舞者对于正面表现或背向观众必须在舞台中心来表现的习惯，而是随意地在任何一个点进行表演，随意的一个角落、一个点，都能有很好的表现。舞台中心线的打破，极大地改变了动作的视觉效果，使编创者可以同时运用不同的面来呈现动作的不同角度，以不同角度所产生的效果来进行更合理、更流畅的编排。

动作幅度的加大，是中国民间舞现代意识的一个鲜明表现。加大动作幅度的原因是为了增强中国民间舞蹈的表现力，使其更能适应现代舞蹈者的内心体验和意境追求。它似乎不像原来那样原汁原味，但它更是舞蹈，更具有艺术性，也更具有现代审美意识。动作幅度的加大，会引起脚底重心移动，常常打破动作本身的原始规范。然而，这样更能表现一种现代人对自由和洒脱的追求。这种加大幅度的动作，才能承受情感的迸发和内心生命之流的巨大冲力。"重心"一词与对"重心移动"的讲究，在中国民间舞蹈中是没有的，是对西方现代舞的借鉴。这无疑使中国民间舞蹈更具有现代审美特点和时代风貌。

舞蹈艺术的存在与发展，其基础是它赖以生存的舞蹈团的存在和发展。小白鹭民间舞团是中国第一个专业民间舞团，一批按照新的教育模式培养的民间舞蹈专业人才，能够整体存活并且将中国民间舞蹈事业向前推进，其关键在于舞蹈团的体制建设。旧有的计划经济体制下的文艺团体的模式被几十年的艺术实践证明是失败的，它尤其无法适应形成之中的市场经济发展的要求，身处厦门经济特区，更是如此，所以唯有探索新的建团方式才能保证这一项伟大的民族文化事业的生存与发展。

小白鹭民间舞团选择了专业舞蹈团的模式，即不设歌队、乐队、舞台美术工作队的纯舞蹈团体。这在国内虽然是全新的模式，但是在国际上，尤其在美国，是早已盛行的舞蹈团存在的样式，是被国外同行们的艺术实践证实的成功的舞蹈办团模式。

与国际舞蹈团体制接轨的另一成功做法是"团校合一，资源共享，优势互补"。在当代美国舞蹈界，或是舞蹈团拥有自己的舞蹈学校，或是舞蹈学校设有自己的表演团体，已经是一种较为普遍的发展舞蹈艺术的模式。这样既使得舞蹈团有源源不断的新人加入，也使舞蹈教育有一流的实践场所和机会，其优越性是显而易见的，完全符合舞蹈艺术人才培养与舞蹈事业可持续发展的要求。

小白鹭民间舞团走这条路既是我们的选择，也是环境使然。因为从创建舞蹈团至今，它没有团部，没有排练场所，人员编制又少，要独立生存有极大的难度。因此，我们从建团伊始就探讨一条与演员们的母校——厦门戏曲舞蹈学校"团校合一，优势互补，资源共享"的可持续发展的模式。这种模式把教学、创作、科研、表演和对外文化交流有机地结合起来，创造出一种崭新又充满生机的运作机制。十年的实践证明，这种模式是成功的。

在小白鹭民间舞团十年的发展实践中，我们深刻体会到，要使中国民族民间舞蹈事业蓬勃发展，首先要发扬民族传统，才能体现时代风貌，只有这样才能走可持续发展的道路。

以上是关于小白鹭民间舞团艺术风格的浅谈，以求证于同人。

原载于杂志《福建舞蹈》，2005年

▲ 小白鹭之舞《跳春》谢幕照

秧歌走进央视的思考

种俐俐

内容提要：在世界一体化、经济全球化趋势愈演愈烈的今天，在每个人都在为自己生活更富足一些而不断加快步伐的同时，珍贵的民间舞蹈艺术在我们匆匆的脚步中悄然消失着。老艺人逐渐过世，热爱跳民间舞的人越来越少，渐渐地失去了民间舞蹈传承的基础。"亡羊补牢，为时不晚"，非物质文化遗产保护刺激了我们保护这些珍贵文化遗产的神经。如今，第四届CCTV电视舞蹈大赛已经圆满落幕，秧歌这种前所未有的形式进入了比赛，使我们在享受视觉大餐之后看到了民间舞蹈保护和传承的希望。

关键词：秧歌　汉族民间舞蹈　CCTV电视舞蹈大赛　舞蹈文化遗产保护

"中华民族就像一个巨人，经济的发展相当于这个巨人外貌和表象的发展。这个发展我们可以很直接地看出来，但我们同时也应该了解这个巨人的脾气、性格，这就是文化的体现。"

——林怀民于中国现代舞的高峰论坛上的讲话

秧歌，一种源于北方民间的文艺形式，它是民歌与戏剧、舞蹈的简单结合，节奏强烈，剧情单一，带有强烈的滑稽笑乐色彩。它原是在过年或其他节日等农闲时节，农民自编自导、自娱自乐的一种消闲方式，其功能单一，无非图个红火热闹。此外，它几乎和民间所有文艺形式一样，不可避免地带有情欲挑逗、宣泄的味道，代表着草根阶层粗犷而本真的一面。秧歌流传于民间，有着广泛的健身意义。一是保持体形，健康减肥。扭秧歌是一种小强度、长时间的中等运动量的健身活动，主要采用基本动作和队形，运用十字步前进扭动腰身、摆胯、屈伸膝关节、甩肩等动作，使全身大小肌群得到活动，加快血液循环。二是活动关节，平衡协调。扭秧歌时，随音乐节奏扭腰、摆胯、甩肩，肢体大幅度地拉伸，有助于改善身体衰退状况，锻炼一段时间后，坐位体前屈和闭眼单足站立能力明显提高，关节的柔韧性和平衡协调能力得到改善，下肢力量得到加强。三是改善心肌供血，提高心脏功能。扭秧歌可提高心脏每搏量、心排血量、射血分数等心功能指标，这说明锻炼使心肌力量增强，同时心肌本身供血情况也得到改善，能避免心血管疾病的发生与发展。四是结伴而舞，心情愉快。扭秧歌时，朋友们聚在一起，摇动扇子，挥舞丝带，穿着大红或大绿袄子，头插艳花，扭动着腰身，表现着女性特有的柔美，队形变换和扮演角色时的一颦一笑，无不使人感到快乐和幸福。

一、转折——一个新的起点

2007年4月19日，也就是农历的三月初三，在这个特殊的日子里，中央电视台的CCTV电视舞蹈大赛直播厅里迎来了一批特殊的团体，他们便是来自民间的秧歌队。14个来自全国各地的民间秧歌队会聚在这里，将举行一场前所未有的比赛。在前三届电视舞蹈比赛中，这种来自民间的秧歌队的表演形式是从来没有出现过的，这也是CCTV电视舞蹈大赛第一次吸收来自民间的秧歌表演。把这种于人民群众中广泛流传但却经常被我们当代人忽视的娱乐表演形式带到中央电视台，带到舞蹈比赛中，通过电视舞蹈比赛送到所有的电视观众面前，这样的举措会给我们带来什么？大家的心都期待着，大家的眼睛都期盼着……

舞台上，朴实的农民们尽情投入，挥洒着自己内心的热情与冲动。安徽花鼓灯的灵巧、热情感染了全场的观众，喝彩阵阵，男子的力量、气概、豪迈与女子的温柔、甜美、婉转结合在一起，配上阵阵的锣鼓声与声声的呐喊，使每个人心里都痒痒的，看着他们热情洋溢的表演，真恨不得上台和他们一起共舞。来自东苑的狮子在梅花桩上栩栩如生，有起有伏，有惊有险，让我们的心也随着那个灵巧、调皮、捣蛋的狮子一呼一吸，时不时被其惊险的技艺吓到，好在有惊无险，在一场虚惊之后我们内心舒缓下来，更多的是对他们精湛表演的信服。另外，来自山东的三大秧歌——鼓子秧歌、胶州秧歌和海阳秧歌，还有海城的高跷秧歌、潮阳的英歌、大连的长穗花鼓、开封的黄河鼓、固始的花挑等秧歌形式都把他们最美、最精湛的技艺带给了广大的观众。

看着舞台上这些投入的表演者，听着那锣鼓声敲得震天响，热火朝天的秧歌舞蹈仿佛能让我们看到他们脚下扬起的尘土，看到渗透在他们脸上的点点汗珠晶莹剔透，从一开场到最后那一刻结束，每一分、每一秒都在强烈地感染着现场的每一位评委和观众以及所有的电视机前的观众。其实他们并不是专业的舞蹈演员出身，他们或者是农民，或者只在当地的群众艺术馆里工作，年龄从17岁到72岁不等。在他们那里可以看到，他们没有年龄的限制，没有身高的限制，他们热爱跳舞、热爱秧歌是因为他们对自己的生活有无限的热爱，他们的心里充满了对生活的激情，他们挥洒汗水是因为他们朴实真诚，有满足就有快乐，有激情就要挥洒。跳舞，对于他们，就是这么真实、自然。

二、异彩纷呈的汉族民间舞蹈特色

每一个地域的表演都有自己的特色。由于各民族生息繁衍的自然环境、社会环境不同，传承的历史文化有异，无疑也呈现出不同的文化生态特征，而这些特色、特征、特点都是在漫长的历史岁月里逐渐形成且延绵流传至今的。可以说，我国各民族民间舞蹈文化是一部活生生的人类文化的再现。秧歌舞蹈形式作为汉族农耕文化的一个典型代表，其背后的文化特点是十分深厚的。汉族是中国人口最多、分布最广的民族。早在四千多年前，生活、繁衍在黄河流域的华夏族是汉族的祖先，汉族的形成无论是从远古氏族到华夏族还是从华夏族到汉族的发展进程中，都曾吸收了当时其周围的远古民族的成分。汉族民间舞蹈是汉文化的组成部分，是汉族农耕生活的反映，无论是舞蹈的内容、形式，还是活动的时间与组织形式，都和农耕生活紧密结合，并体现出"天人合一""顺应自然"的思想。

秧歌起源于插秧耕田的劳动生活，它又和古代祭祀农神祈求丰年、祈福去灾有关，是《周礼》"六鼓四金"中"以正田役"的延伸。秧歌最初是插秧、耕田时所唱之歌，发展过程中以民间的农歌、菱歌为基础，又从一般的演唱秧歌、板眼戏曲人物逐渐发展成为汉族最普遍的民间舞蹈形式。

我们比较熟悉的山东三大秧歌之一胶州秧歌，具有地方小戏的雏形，民间称"扭断腰""三道弯"，以男刚女柔、婀娜多姿、舒展大方的舞姿和"抬重、落轻走飘""三弯九动十八态""活动起来扭断腰"的舞蹈风格深得大家的喜爱。它往往以欢快风趣的舞蹈开始，以民风民俗小戏为主体，秧歌中的固定人物一般有翠花、扇女、小嫚等，由于人物年龄、性格的差异，决定了他们在服饰、动律和动作风格上的不同，也就形成了胶州秧歌独一无二的自身特色。

在山东秧歌中，海阳秧歌的表演风格集中代表了性格刚直、坚韧豁达的齐鲁古风。海阳秧歌演出阵容磅礴、角色众多，体现了山东地区"儒"文化以"巨"为美的思想。海阳秧歌除了一惊一乍的节奏特点之外，兼有沉稳柔曼的表演风格，民间三拜九叩的表演形式体现了山东人民重礼仪的传统美德和山东地区在儒家文化影响下的重礼务实之态。海阳秧歌是综合性的民间舞蹈形式，古朴、粗犷，在海阳地区广泛流传，其动作要求全身都要"活泛"，要"浑身会说话"。动作非常讲究内在力量的扩张，而扩张要靠呼吸来带动，呼吸凝聚着内在力量，作用到胸部、胯部，扩展到全身，控制着动作的力度和幅度，可谓"以气带动，以内制外"，男演员讲究"脚底生根"，刚柔相济，给人一种沉重、稳健之感觉，女演员讲究心态的表露，追求舒展飘逸，特别强调腰部的灵活性，从而形成海阳秧歌男"提沉"、女"抻拉"的特有韵律和丰富内涵。海阳秧歌虽然是群众娱乐形式，但是强调仪礼，人人自觉遵守，处处体现着团结融洽的气氛，这是其与其他秧歌显著区别的一个特点。

鼓子秧歌是山东城乡人民喜闻乐见的一种民间舞蹈形式。它的特点是豪迈、刚健、粗犷、奔放，群众中有这样的形容，"打起鼓子惊天动地，跑起场子热火朝天"。这也说明了鼓子秧歌的气魄之大、威力之强，在我国优秀的民间艺术遗产中是独具一格的。鼓子秧歌也颇具自身的特色，形式完整、组织严密、技术性强，其独具特色的场面给人以规整、庄重、古朴、圆润的美感。其动向是左进右出，围中跑圆，这一规律特点是受我国传统审美意识的影响，是传统审美观的继承与发展。古人认为天是圆的，地是方的，用天圆来概括和认识自然界周而复始的变化，用地方来识别事物的千差万别，这也成为规范人们的道德行为的审美标准，其风格是在山东传统文化的浸透、鲁北自然环境的陶冶下形成的。当地群众强壮的体魄、刚毅的性格，与所使用的道具融汇成磅礴的气势，形成英武、矫健的形象和特有的风格韵律，充分显示出山东好汉的英雄气概，表现出山东人民勇于革命的精神。

东北秧歌是流传于我国东北地区的具有代表性的民间舞蹈形式，主要源自辽南高跷秧歌。由于在高跷上进行表演，重心不易掌握，因此必须靠两膝的屈伸和两脚的不断移动以及上身的摆动来保持身体平衡。出脚时，踢抬快速有力，收脚时，落地稳，同时上身和双臂随着重心的移动而俯仰、甩摆，形成东北秧歌的主要步伐——踢步。其特点是"单短双长"，即一脚踢出时快而有力，快出快回，在空中停留的时间要短，收回时稳而实在，双腿着地时间要长。此外，由于踢步时上身也要随着重心的移动而随之扭摆，也就形成了具有一定规范的上身动律特点。东北秧歌的风格特点可概括为"稳中浪、浪中艮、艮中俏"。

海城高跷，欢腾、奔放、热烈、火爆是其基调，优美、抒情、风趣、诙谐是其特色，二者的统一构成海城高跷秧歌的艺术特征，衍生出"扭、浪、逗、相"四大技法要素。"扭"是舞蹈动作在跷上的再现；"浪"是审美标准，是对表演者动作、表情等完美结合的高标准评价；"逗"是抒情达意，往往是富有特点的动作和绝招；"叫鼓亮相"则展示其风格特点。他们脚踩两尺多高的高跷却如履平地，时而翻滚腾跃，时而轻歌曼舞，时而火爆热烈，时而即兴狂野。一袭黑衣的头跷挥舞着马鞭，快步如行云流水，王婆戏耍烟袋挑逗出一片笑声，文丑头顶竖着小辫，风趣诙谐、憨态可掬，上装女旦抖动彩扇，下装众丑高难的跷功令人惊叹。

舞狮也属于秧歌范畴。其中，南狮亦称醒狮，在桩阵上比赛，由狮头、狮尾组成的单狮，在长10—14米，最高不超3米、最低不低0.8米的桩阵上，运用各种步形步法，通过腾、挪、闪、扑、回旋、飞跃等高难度动作演绎狮子的喜、怒、哀、乐、动、静、惊、疑八态，来表现狮子的威猛与刚劲。在表演过程中，其舒缓婉转之处，令人忍俊不禁，拍手称绝，其飞腾、跳跃之时，让人胆战心惊而又昂然振奋。南狮造型夸张，颜色亮丽，而南狮鼓擂动起来也更是振聋发聩，使人警醒。可以说，南狮是集观赏性、艺术性、竞技性于一体的具有强烈吉祥、喜庆色彩和气氛渲染能力的中华民族传统表演项目。

潮阳的英歌，表演者配合着忽紧忽缓的锣鼓点和众人如雷贯耳的吆喝，双手挥动彩色木棒，并不停地交错翻转、敲击，扣棒刚劲有力，一步一呼地边走边舞，有着独特的风格。人们认为英歌能够把妖魔鬼怪、歪风邪气驱赶净尽，以正压邪，确保平安。

当晚出场的14个代表队争相斗艳的表演，使我们深刻感受到了中国民族民间舞蹈的丰富性和极具特色的观赏性。五十六个民族都有自己各具特色的爱好、信仰、生活习惯，这些丰富而又鲜明的特色无不淋漓尽致地体现在了他们的表演中。通过这次的电视舞蹈比赛秧歌场，我们可以看到，每个地方都有属于代表自己地方特色的舞蹈，每一个细枝末节的动作变化，都和农民平时的爱好、信仰、生活习惯、审美息息相关，中国的每一寸土地上都存在着这种经久不衰的民间艺术。看他们跳舞，仿佛在聆听他们的对话，仿佛可以体会到他们内心的情感，毫无疑问，这也和舞蹈本身具有体现人的内心情感的功能相吻合。北京舞蹈学院的民族民间舞蹈就取材于这些朴实的民间农民本能地流传下来的原汁原味的纯朴的极具特色的肢体艺术。艺术来源于生活并高于生活，在长期受学院派民间舞蹈的熏陶后，看惯了舞台民间舞蹈的表现形式，又重新看到这些直接来自民间的表演，仿佛久离家乡的游子看到了守在门口等候的母亲，那种亲切感和回归感让我们感到踏实，更让我们感到欣慰。

三、琳琅满目后的静思

秧歌走进央视，在耳目一新的享受之后我们冷静、清楚地看到了什么？在参赛的14支队伍里，有12个代表项目进入了国家非物质文化遗产保护的范围。非物质文化遗产保护，是前段时间搞得轰轰烈烈的一项活动，使我们在央视的舞台上直接看到了它实实在在地给我们带来的价值。非物质文化遗产是指各族人民世代相承的、与群众生活密切相关的各种传统文化表现形式（如民间文学、民俗活动、表演艺术、传统知识和技能以及与之相关的器具、实物、手工制品等）和文化空间（即定期举行传统文化活动或集中展现传统文化表现形式的场所，如歌坪、庙会、传统节日庆典等），它最大的特点是不脱离民族特殊的生活生产方式。进入舞台表演的这些秧歌虽然已经不能再称为"原生态舞蹈"，因为它脱离了民间的生存环境，加入了编导的艺术思维和加工，但是这样的秧歌至少让我们的观众感受到这就是来自民间的实实在在的舞蹈，它虽然已不是原生态，但是它和学院派的民间舞从动作、表演形式上也有很大的区别，这种区别我们一看便可以感受到。

各民族的原生态民间舞蹈文化，均根植于民众之中，与各民族的生存环境、生产劳动、生活习俗、宗教信仰等水乳交融，密不可分，原生态民间舞蹈也因此在内容与形式方面，均具有浓郁的民族风格。同时，民众又在漫长的历史岁月里，以丰富多彩的生活为基础，创造出了多种功能、多种形式的舞蹈形态，因而浓郁的民族风格和多样的舞蹈形式，也就为我们继承、发展民族舞蹈文化奠定了坚实的基础。就继承和发展的关系而言，要发展就要继承，没有继承就无所谓发展，而要继承，如果没有可继承的东西，又谈何继承和发展。由此可言，原生态民间舞蹈是我们今后继承传统，乃至于发展有本民族特色的当今舞蹈文化的实实在在的前提条件。在此之前，我们对我们本民族的文化相对不够重视，当代人对现代文明的憧憬与渴望，对传统文化的轻视和远离，尤其是青年一代对本土传统文化的不屑一顾，而对外来文化的盲从，使得原生态民间舞蹈失去了民族文化的心理根基。另外，政府的文化部门对原生态民间舞蹈重视不够，任其自然流传或消失，也使得原生态民间舞蹈缺少了人为保护的机制。随着时代的发展和娱乐方式的增多，人们已很少把舞蹈作为主要的娱乐方式。在劳作之余，以舞蹈娱乐的现象也少之又少。众所周知，舞蹈是人体文化，其存在方式是保留在人的身体上，其传承方式是口传身授，所以当无人以身相传时，舞蹈就会失传，很多民间艺人所特有的舞蹈之所以失传，其原因就在于此，所谓"艺人亡，艺技失"即是。和我们创新的与发展的相比，我们继承的实在是太少了，传统舞蹈文化也正是在这样默默的忽略中逐渐消失。这些珍贵的民间艺术，就像时光，一去不复返，外界没有足够的人重视和保护，民间的人自身又不会真正懂得自己的舞蹈是多么宝贵的文化财富，所以这些文化就在"当事者"和"旁观者"的双重疏忽下，慢慢地消失。

鲁迅说过："越是民族的，越是世界的。"在世界的文化大潮里，我们应该时刻学习别人的长处，"他山之石，可以攻玉"，可我们最终的目的不是达到美国化、西方化，我们最终的目的是优化自己、升华自己。怎样才能做到这一点？首先应该在充分了解自身的基础上，对外来文化有选择地吸收。面对民族文化这个坚实的基础正在逐渐崩溃瓦解的现实，对非物质文化遗产的保护助了我们一臂之力。这些无形的文化遗产，曾被誉为"历史文化的活化石""民族记忆的背影"。它们依托于人本身而存在，以声音、形象和技艺为表现手段，并以身口相传作为文化链而得以延续，是"活"的文化及其传统中最脆弱的部分，因此，对于非物质文化遗产传承的过程来说，人就显得尤为重要。所以如果想要取得最大限度的保护，首先应该带动起全民的保护意识。秧歌可以走进央视，无疑是把民族民间舞蹈传向大众的一个途径，是非物质文化遗产保护可以落到实处的一个接力棒。

四、保护珍贵舞蹈遗产

CCTV电视舞蹈大赛提供了一个我们可以在茶余饭后、日常生活的消遣中对中国的舞蹈艺术进行了解和认知的渠道，可以使普通的老百姓坐在电视机前就可以接触到高雅的舞蹈艺术，让艺术不再保持着高高在上的姿态，也能贴近普通民众，不脱离生活这个基础。CCTV电视舞蹈大赛已经举行四届了，在一次又一次的完善中，我们可以发现有越来越多的来自各个行业的人去观看舞蹈比赛，了解舞蹈艺术。虽然"隔行如隔山"，但是舞蹈艺术给人带来的精神愉悦和享受对于每个人来说，都是一样的。电视大赛是一个非常好的普及舞蹈艺术的形式，通过这样的形式，数以亿计的舞蹈爱好者在非常集中的时段内，过了一把欣赏高水准舞蹈艺术的瘾，而素常"在深闺"的舞蹈艺术，也借这个平台一展风姿，使更多热爱它的观众一睹其芳容，电视屏幕把舞者和观众的距离大大地缩短。

秧歌如今作为一场风风火火的开场赛进入央视，必定使我们更多的人民大众了解到民间艺术的重要性，激起我们热爱民间艺术的热情，从而带动更多的人去保护这些珍贵的舞蹈文化遗产。显而易见，群众的力量是伟大的。仅有政府的支持、政策的引导是不够的，在政策落实到实践中的同时，我们必须引领起整个民族去保护民间舞蹈艺术的自觉性，把它当作我们一项共同的事业来看待。秧歌走进央视的举措，已经传达出了一种对民间舞蹈艺术的重视精神和保护精神。如今，"文艺复兴"一词又被重提，我们在保护民间舞蹈的同时，其实相当于在保护珍贵的民间文化。非物质文化遗产保护，对民族民间文化的保护，对这些珍贵的民间舞蹈的保护，让我们由此开始。所以让我们所有人携起手来，更好地保护和传承我们五十六个民族多姿多彩的民间舞蹈艺术，使之在拥挤的现代化大潮里保持自身的珍贵特色，永远不失自我。

参考文献：

[1] 李北达：《民间舞蹈》，中国社会出版社2008年版。

[2] 何建安：《中国民间舞蹈》，浙江教育出版社1990年版。

[3] 苏连第：《中国民间艺术》，山东教育出版社1991年版。

[4] 罗雄岩：《中国民间舞蹈文化教程》，上海音乐出版社2001年版。

原载于《北京舞蹈学院学报》，2007年第2期

论艺术职业教育"团校合一"的
创新探索模式

种俐俐

内容提要：为适应经济环境、升学就业市场和广大人民群众对新时期文化多样化、高水平的要求，国内的一些艺术职业院校在办学实践中开创出了"团校合一"的体制创新探索模式。在教育资源分配上，"团校合一"实现了资源的科学管理和优化组合；在专业艺术人才培养目标上，"团校合一"促使专业艺术人才形成独特的艺术风格和良好的自我发展能力；在艺术职业教育的发展中，"团校合一"有利于艺术教育成果转化为艺术生产力，有利于拓展高等艺术教育空间，有利于扩大艺校的社会教育影响力，从而有效地实现艺术职业教育的可持续发展。

关键词：艺术职业教育　"团校合一"　创新探索模式

20世纪80年代中期，在中国改革开放和市场经济大潮的冲击下，国内艺术职业教育遭遇了长期的发展低谷。在这段特定的历史转型时期，为适应经济环境、升学就业市场和广大人民群众对新时期文化多样化、高水平的要求，各类艺术职业院校也在依照全新的培养目标推行教育模式改革，以谋求更好的生存空间和更大的发展，推进艺术职业教育体制改革和人才培养的良性循环。

在此历史背景下，国内的一些艺术职业院校在办学实践中不断探索，开创出了"团校合一"的体制创新探索模式。所谓"团校合一"的体制创新探索模式，是指艺术职业院校和专业艺术团体互为依托，进行资源共享和优势互补，通过科学有效的管理方式，将教学和实践、产品和市场、自身优势和外部资源整合起来，培养实用型的专业艺术人才，实现艺术职业教育可持续发展的创新探索模式。目前，国内的一些艺术职业院校如厦门艺术学校、上海戏剧学院、山西艺术职业学院、山西戏剧职业学院等艺术职业院校已在"团校合一"方面进行了有效的探索。其中，厦门艺术学校和厦门小白鹭民间舞团以"团校合一"的体制创新管理模式，历经13年的艰辛实践探索，开拓出了一条艺术职业教育、艺术表演团体改革和发展的创新之路。笔者拟结合厦门艺术学校的探索实践经验，探讨、分析艺术职业教育"团校合一"的创新探索模式。

一、"团校合一"与艺术职业教育的资源分配

（一）"团校合一"实现资源的科学管理

"团校合一"可以使艺术职业教育资源得到科学管理，精兵简政，运作灵活，极大地提高了工作效率。1986年10月，厦门艺校（原福建艺校厦门戏曲班）与北京舞蹈学院联合创办了北京舞蹈学院中国民族民间舞专业厦门试验班，旨在为厦门经济特区定向培养一批达到国家级表演水平的舞蹈人才。1993年，厦门市委、市政府决定由厦门艺术学校组建以厦门试验班为主体的厦门小白鹭民间舞团，实施"团校合一"的管理模式。首先，在领导体制上，厦门艺校和厦门小白鹭民间舞团实行"团校合一"，校长任团长，团长即校长，舞团的支部书记由艺校副校长兼任。同一套领导班子对校、团的资源进行合理的调度、搭配，校、团有分有合，运作机制灵活。其次，精兵简政，摒弃了常规的校、团机构臃肿的缺点，使校、团充满活力，高效运行，对校、团在职工作人员实行全员合同聘任制，根据实际工作需要，以"优胜劣汰"原则实行"低职高聘"或"高职低聘"。最后，在充分发挥原有资源优势的基础上，校、团以"小学校、大社会"的理念，广开大门，面向国内外延揽优秀艺术人才。科学的资源管理使厦门艺校和厦门小白鹭民间舞团焕发青春活力。

（二）"团校合一"实现资源优化组合

"团校合一"充分发挥着资源互补、优化组合资源的积极作用。厦门艺术学校作为舞团的基地，不仅提供幽雅的校园环境、高素质的文艺师资队伍、现代化的练功房，还不断向小白鹭民间舞团输送优秀的毕业生，保证舞团拥有年轻、优秀的舞蹈人才。小白鹭民间舞团经常派出团里的优秀

演员到艺校任教和编排教学剧目，直接缩短课堂和舞台的距离，使艺校的课程与舞台实践、市场需求、时代需求紧密相连，具有很强的实践性、灵活性和时效性。舞团中不能再继续演出的演员可以转为艺校的专业教师，不仅直接解决舞团老演员的再就业问题，又为艺校提供具有极高专业水平和实践经验的师资力量。校、团经常联合演出，艺校学生成为舞团坚实的后备力量，舞团也成为艺校毕业生理想的实习基地，经常随团演出，大大强化了学生的演艺实践能力。小白鹭民间舞团的演员到艺校任教，不仅培育出一批批新的"小白鹭"，也促使自己在专业水平上得到更大的提高。"小白鹭"经常到各地演出，声名远播，其品牌效应也为艺校带来了声誉，校、团资源在统一管理下出现"流动、共享、互补、双赢"的良性循环，真正实现了资源的优化组合和科学利用。

二、"团校合一"与艺术职业教育的人才培养

艺术职业教育培养的是社会应用型人才，因此，艺术职业教育人才培养目标的构建，也必须以文化艺术市场需求为依据。创新是人类社会生生不息的动力，是民族兴旺发达的不竭源泉。当前，艺术职业教育必须培养符合时代需求、具有创新精神的高质量专业艺术人才。厦门艺术学校"团校合一"的创新探索模式对舞蹈专业人才的培养提出了明确要求：培养具有创新精神、具有小白鹭民间舞团独特艺术风格、适应舞台演出和艺术市场需求的专业舞蹈人才。

（一）"团校合一"，促进专业艺术人才独特艺术风格的形成

厦门小白鹭民间舞团之所以能历经十几年的磨砺和考验，成为享誉世界的知名品牌，是它坚持创新、坚持独特艺术风格、坚持民族民间舞蹈自我定位的结果。因此，为了保证小白鹭民间舞团独特艺术风格的延续，艺校在教学中严格保持与小白鹭民间舞团艺术风格的一致，保持民族民间舞蹈的自我定位，严格遵循北京舞蹈学院的教学体系安排内容。"团校合一"的体制创新探索模式不仅非常有利于保持校、团舞蹈专业艺术风格的一致，而且有助于校、团双方集中精力，精益求精，促使舞蹈专业水平快

速提高。一方面，艺校在专业舞蹈人才的培养上严格坚持民族民间舞蹈的自我定位，将中国民族民间舞蹈置于教学内容的中心地位，全面开设了民族民间舞蹈的"汉、藏、蒙、维、朝"五大主干课程，并且使用北京舞蹈学院编创的教学体系和方法。通过这五大主干课程的教学，学生基本懂得了什么是中国民族民间舞蹈，掌握了中国民族民间舞蹈的基本技法，在学生的心目中确立了中国民族民间舞蹈的主体定位。另一方面，小白鹭民间舞团经常与艺校学生同台演出，并坚持共同排练演出一些精品保留节目，学生在参与演出的过程中充分体会到中国民族民间舞蹈的艺术风格并保持较高的艺术品位，这也是促使专业舞蹈人才具备小白鹭民间舞团独特艺术风格的重要原因。

（二）"团校合一"，培养专业艺术人才的自我发展能力

教育的最终目的是使学生全面发展，拥有自我发展能力，具备终身学习能力。自我发展能力主要指自我认识和自我控制能力，自我学习能力，学习新事物、接受新事物的能力。"团校合一"的管理体制给了艺校学生无数的机会和广阔的发展空间进行舞蹈专业学习，使学生具备良好的自我发展能力。首先，艺校学生与小白鹭民间舞团经常共同排练和同台演出，学生的舞台实践能力得到极大提高。其次，艺校学生经常观看小白鹭民间舞团的演出，学生的舞蹈艺术欣赏能力在潜移默化中得到提高，在欣赏的同时，学生也在不断体会、感悟，自我认识，将体会、感悟内化为自己的舞蹈动作、技巧、知识。最后，"团校合一"的管理体制提供了开放式的学习空间。十年来，艺校坚持"请进来，走出去"的方针，如聘请北京舞蹈学院的教授和专家直接参与教学和指导学生排练，使学生得以吸纳最新的舞蹈知识和多元化风格。学生在不断的学习、实践、欣赏中形成技巧和审美评价，进行自我评价和自我调整，逐步适应观众的审美需求，完成了由学生到演员的角色转换，自我发展能力不断得到提高，舞蹈艺术风格也逐步形成。

三、"团校合一"与艺术职业教育的可持续发展

当前，艺术职业教育应在科学发展观的指导下以长远的眼光去对待动态的社会需求，实现自身的可持续发展。"团校合一"的创新探索模式注重把科学发展观落在实处，前瞻未来文化艺术市场的需要，拓展高等艺术教育空间，扩大艺校的社会教育影响力，为校、团的可持续发展提供奋飞的空间。

（一）"团校合一"有利于艺术教育成果转化为艺术生产力

党的十六届四中全会明确提出了解放和发展生产力的重大命题，强调要"根据社会主义精神文明建设的特点和规律，适应社会主义市场经济的要求，进一步革除制约文化发展的体制性障碍"。艺术职业教育的需求与市场需求紧密联系，只有尽快将艺术教育成果转化为艺术生产力，才有助于艺术职业教育的可持续发展。厦门艺校和小白鹭民间舞团根据自身规律和实际任务的需要，政出一门，可分可合，机制灵活，协调方便，将创作、表演、教学、科研、交流、培训有机地融为一体，不仅提升了艺术教育的质量、水平，实现了"多、快、省、好"地出作品、出人才的目标，也加速了艺术教育的优秀成果转化为艺术生产力的过程。厦门艺校的"团校合一"，是以最小的投入创造了最大的效益。厦门艺校在1986年的总资产仅为5万元，现今已接近1亿元，小白鹭民间舞团于1993年仅用15000元建团，现今拥有1000多万元资产。"团校合一"的创新模式基本实现了社会效益与经济效益的有机统一。

（二）"团校合一"有利于拓展高等艺术教育空间

"团校合一"的优势还在于有利于推行终身教育理念，拓展高等艺术教育空间。作为地市一级的艺术学校，要想生存发展，必须打破以往的传统教育体制。从1998年开始，厦门艺术学校开始策划、实施一个艺术人才的跨区域、跨时代的培养计划，先后与北京舞蹈学院、中国戏曲学院等高等院校合作开办了舞蹈、戏曲、文化干部管理、编导等大专班和专升本班，受到社会的欢迎。依托优势资源、跨区域育才，这一举措为厦门艺术学校培育出了优质人才，也形成了优质艺术职业人才培养的良性循环的发

展链条，推进了艺术教育的可持续发展进程。

（三）"团校合一"有利于扩大艺校的社会教育影响力

艺术职业教育的可持续发展进程也是扩大艺校的社会教育规模、社会影响力，实现艺术教育社会价值最大化的过程。作为一所地方的专业艺校，厦门艺校有责任关注当地城市的文化发展目标，积极融入社会，为提高市民的艺术素质做贡献。厦门艺校以"小白鹭"为品牌，围绕厦门建设"教育之城""科技之城""艺术之城"的规划，主动开办了小白鹭业余艺校，并一直将业余艺校纳入厦门艺校的办学和发展的整体规划之中。此外，厦门艺校还在校外设培训基地，学员数百人，江西省萍乡市也成为厦门艺校的培训基地。厦门艺校每年的夏令营吸引了台湾地区和东南亚的学生前来参加，这一社会办学空间极具潜力，必然会带来很好的社会影响和经济效益。现在，小白鹭业余艺校的人数超过了在校中专生，这种社会化办学，既是对在校生规模的补充，也实实在在地体现了厦门艺校的社会价值，扩大了厦门艺校的社会教育影响力。

当前，国家经济环境持续稳定发展，文化事业和文化产业迅速发展，教育体制处于改革转变中，这一时代大背景为艺术职业教育的发展提供了前所未有的历史机遇。艺术职业教育"团校合一"的体制创新探索模式将在新的时代发展浪潮中接受市场的检验，并在不断的创新探索中臻于完善。

原载于杂志《中国舞蹈》，2007年

第四辑　社会评价

一朵不谢的小花

顾兰英

　　种俐俐是中国舞蹈家协会甘肃分会的又一名年轻的副主席。论天赋和功底，她不亚于贺燕云，可以和省里第一流的演员媲美。只是因为她所在团的领导频繁地更换，致使演出受到了影响，近年来，种俐俐和观众见面的机会相应减少了。

　　种俐俐出生在一个知识分子的家庭里，她的父亲曾是西北民族学院图书馆馆长。她读小学时，省歌舞团就在她所住的居民院里，那悠扬的乐器声，磁石般地将这位从小就爱唱爱跳的小姑娘吸引了去。每天放了学，别的同学背着书包回家做作业了，她却在脚下垫上砖，爬到比她还要高的窗口看演员们练功。尽管那时的动作是那样的单调、硬邦邦的，可是在种俐俐的眼里，依然是那么柔美、动人。舞蹈艺术的魔力抓住了小姑娘的心，她立志长大以后也干这一行。有一次，她竟伸过手去"偷"了一双练功鞋，跑回家依样练了起来。优美的舞蹈动作，把爸爸、妈妈都看呆了。

　　机会终于来了。1971年，她偷偷考进了兰州市样板戏学习班。父母知道后，担心女儿吃不了这份苦，不乐意让她去。种俐俐就以泪洗面，父母只好顺从她。妈妈推着自行车，送女儿到兰州市样板戏学习班。到了门口，妈妈还对女儿说："你要是后悔的话，咱们就回去。"种俐俐抱起铺盖卷，给妈妈做了个鬼脸，便跑进了样板戏学习班的大门。13岁的种俐俐，一进团就品尝到了演员生活的甘苦。六月天，她们随老师到西安受训，赤日炎炎，空气仿佛被炉子烤着似的，闷热得让人透不过气来，可是她们必须练功，手一扶把杆，汗就顺着双肘往下流。种俐俐的头上、腰间长了热疖子，疼得她龇牙咧嘴。倔强的姑娘咬着牙、忍着痛，坚持跟同伴们继续练。练脚尖着地，是跳芭蕾舞的基本功之一，小俐俐练呀练，结果将脚指甲练掉了，鲜血直流，她用药棉包扎好，继续练，后来练功鞋又将脚后跟勒出了一道大血印，溃烂了，她还是不声不响地接着练。连老师都被感动了，强行让她休息，她仍然不肯，又偷偷地跑回练功房，流着泪对老师说："我爱舞蹈艺术！"

种俐俐第一次登台，就扮演大型芭蕾舞剧《白毛女》里的喜儿。不幸的是，她的父亲在此时过世。人们担心小姑娘控制不住自己的感情，会在喜儿哭杨白劳时动情伤怀，扑倒在舞台上。可是种俐俐却以惊人的毅力克制住了自己的感情，恰如其分地表现了喜儿的怨和恨。她表演得情真意切、朴素真挚、舒展大方，给观众留下了很深的印象。大家在赞美这位小姑娘演技的同时，更赞美她的理智和胸怀，人们异口同声地称誉她是一棵好苗苗。

对艺术的追求是无止境的。为了更好地提高演出水平，种俐俐一天竟能在练功房待十五六个小时，从芭蕾舞、民族民间舞蹈到古典舞，从手、眼、身、步法到神态、韵味，她都细细琢磨，反反复复体会，一遍又一遍地练习，因此，她的功底比较厚实。她表演的领舞和独舞，有创造、有特色，很受群众欢迎。1980年，她参加了全国第一届单项舞蹈比赛，表演独舞《胡旋舞》《碧云飞》，《胡旋舞》获得了表演鼓励奖。

岁月不饶人。今年，种俐俐已经25岁了，与她同时进团的小伙伴，如今大多结了婚、成了家，可是为了艺术，她还没来得及考虑这些，依然一个人扎在练功房里，学啊练，练啊学，从不知疲倦。为了更好地充实自己的表演艺术，她又学起了外语、钢琴、绘画。我见到她时，她刚从练功房出来，边走边舞着长穗剑，浑身汗漉漉的。她微笑着对我说："干我们这行的，就得流汗，汗流得越多，艺术之花才能开得越艳！"我敬佩地点点头，心想，她多么像一朵不谢的小花啊。

原载于《中国妇女》，1983年第1期

追 求

记青年舞蹈家种俐俐

玄承东

▲ 种俐俐（摄影：赵星）

十年前，看过一部外国影片。

忘记了故事情节，忘记了主角姓名，只记得那位献身舞蹈艺术的姑娘，最终在舞台上结束了她美丽而艰辛的一生。

那部影片的名字叫"红舞鞋"。

她也有过一双红舞鞋，那是被鲜血染成的。

踮脚、旋转、起跳、下落……从早到晚。

她疼得泪流满面，却没叫一声苦，反倒产生了一个奇特的念头：谁叫自己的皮肉太嫩？

那时，她还是个孩子，很多同龄人还要在父母面前撒娇，她却过早地失去了这份安乐。

安乐的人生从来不会产生真正的艺术。

老师说："俐俐天生是个跳舞的料。"

这是她的幸福还是她的悲哀？

成千上万次地旋转，成千上万次地腾跃，血水和汗水载着她艺海生涯的小舟，驶出了寂寞的港湾，她终于以飘逸的舞姿出现在观众面前，如一幅流动的画、一首无言的诗。

首次登台，她就在大型现代舞剧《白毛女》中扮演喜儿，那时她只有十四岁。

　　不久，她又在现代舞剧《红色娘子军》中扮演吴清华，受到专家们的一致好评。

　　她成功了吗？

　　列车向东，载着她的理想、她的追求。

　　舞蹈，辞书上解释为"形体的艺术"。

　　任何名词解释都不免失之浅陋，正如对文学的解释是"语言的艺术"，却并非所有会说话的人都能成为文学家。

　　足趾厚厚的老茧，腿部坚韧的肌肉，天生修长的身材，使她具备了从事"形体的艺术"的一切外部条件。

　　形似，这只是刻画角色最基本的要求，神似，才是对角色有了深刻的理解和准确的把握。

　　所以，古人才有"三月学艺得之于，三年学艺得之心"一说。

　　需要对音乐、美术、诗词歌赋广泛地涉猎，需要对文艺理论深入地学习，需要对现实生活严肃地思索。

　　可她毕竟只有初中文化程度。

　　她曾努力自学，弹钢琴、画速写、抱着厚厚的"斯坦尼体系"……虽广泛却不够系统。

　　于是，在她度过舞台生涯十春秋，在省内文艺界已颇有名气的时候，她报考了北京舞蹈学院表演专业大专班。

　　也许是过度劳累，也许是过量训练，就在她参加考试的前一天晚上，腰部突然扭伤。这不仅意味着上学的愿望可能落空，还可能造成下肢瘫痪，从此告别舞台。

　　她放声痛哭，狠命地擂着墙壁，双拳砸得又青又紫。

　　人们劝她先回兰州看病，她哭着喊道："不，我不回去——"

　　老师破格留下了这个"疯"学生，她成为舞蹈学院进修班的学生。

　　除了舞蹈之外，恐怕世界上再没有任何事物可让她如此动情。

　　仇深似海的白毛女、勇敢顽强的吴清华、智勇双全的周秀英、英姿勃发的花木兰、鱼美人、白天鹅、欢乐的牧羊姑娘、悲伤的台湾歌女……她在舞台上塑造了众多的女性形象：中国的、外国的、古代的、现代的……

金城的观众为之倾倒。

是因为她的舞姿吗?

她的舞姿很美,举手投足如行云流水。

是因为她的表演吗?

她的表演很真,一颦一笑生动传神。

可一个舞蹈演员要做到这些并不难,难的是刻画人物的内心世界,那是需要用全部的感情、智慧、知识和技巧加以表现的。

这或许就是艺术家们奉若神明的灵感?

当追光灯把剧场的全部注意力凝聚在一个焦点上的时候,整个世界便悄然远去,只有"白天鹅"对生命的渴望,"鱼美人"对爱情的追求,"花木兰"对和平的向往……

从准确生动到形神兼备乃至物我两忘,她的舞技日臻完美。

她不是用脚,而是用心在舞蹈。

这是个群星灿烂的时代,影星、视星、歌星、笑星……

当迪斯科旋风一样吹遍神州大地、卡拉OK磁石般吸引青年人心灵的时候,舞蹈艺术却无可奈何地遭到社会的冷落。

她呢?近20年苦苦磨炼,6000多个日日夜夜不懈追求,正当舞台经验、表演技巧处于巅峰的时候,突然发现舞台下一片空旷。

辜负了多少中秋圆月,冷落了多少除夕瑞雪,迟了"人约黄昏后"的甜蜜,晚了轻吟摇篮曲的安宁……为了创造美的形象、美的意境、美的人生,却没有得到应有的回报。

有人去舞厅伴奏,有人到外地"走穴",有人干脆足不出户,潜心研究编织、烹饪。

她却极不合时宜地从事起舞蹈的创作,《伎乐天》《六臂飞天》《搭错车》……

没有鲜花,没有掌声,有的只是无所适从的茫然和不计成败的奋斗。

冷了剧场,冷了舞台,不冷的是对艺术的眷恋和对事业的痴情。

秋已深。

伴着沉甸甸的收获,总是萧瑟的秋风、缠绵的秋雨、寂寥的秋空……

大自然要告诉人类什么？

一朵残菊顺水飘零，不知从何方来，到何处去。

《中国妇女》曾在1983年刊登过一篇通讯，介绍她的奋斗、她的成长，她失败的痛苦和成功的喜悦……

那篇通讯的题目就是"一朵不谢的小花"。

只要有过辉煌的岁月，为大地增添过色彩和芳香，即便凋谢又何足悲？

她有过辉煌的岁月。

她曾参加过全国第一、二届舞蹈比赛，均获表演奖，在甘肃舞蹈界可谓首屈一指。

在全省首届青年舞蹈演员观摩演出中，她荣获表演一等奖，并获"甘肃省优秀演员"称号。

她创作、编导的《六臂飞天》被中央电视台收集到《中国民族舞集锦》中，多次向全国播放。甘肃电视台还为她摄制过专题片《耕耘在民族舞的艺苑里——记青年舞蹈演员种俐俐》……

落红不是无情物，化作春泥更护花。

作为甘肃省舞协副主席、兰州市歌舞团副团长、市艺术分校副校长，今天，她又把主要精力放在培植新一代舞蹈人才上。

秋已深。

肃杀的秋风里孕育着一个冰清玉洁的世界，一个百花盛开的春天。

舞蹈是青春的艺术。

9岁那年，她曾"偷"过艺术系大姐姐们的一双练功鞋。那时，她的命运就已和舞蹈事业连在一起。

她大概做梦也不会想到，刚过而立之际，舞台上的追光灯便悄然离她而去。

这不是个很大的悲哀吗？

可她说："哪怕让我重新选择十次，我还是选择舞蹈。"

于是我采写了她。

不是为她辉煌的过去，而是为她不懈的追求。

　　玄承东，著名作家，甘肃日报社原副总编、甘肃新闻工作者协会驻会副主席。

原载于《现代妇女》，1991年5月1日，总第55期

▲ 1975年，兰州市歌舞团创作的小舞剧《草原红花》首次去北京参加全国文艺调演时留影（一排中间：种俐俐）

▲ 1990年，种俐俐给兰州市歌舞团学员授课（一排右一：现任西北民族大学舞蹈学院院长李琦，一排左二：中国知名影视演员罗海琼）

足尖上的艺术

记青年舞蹈家种俐俐

张 芃

一束蓝色的追光打在光洁如镜的舞台上，光柱中，一只雪白的天鹅，轻轻地抖动着翅膀，在湖面徘徊——她踏着轻盈的舞步过来了，像风一样轻轻，像云一样悠悠……

一

一个小姑娘脚下垫着砖，静静地趴在甘肃省歌舞团练功厅的窗户上，微风温柔地拂动着她那细软的短发，她睁着一双清澈明亮的眼睛，欣喜地凝视着在练功厅内练功和排练的演员，夕阳已给她那娇小的身躯披上了一层玫瑰色的轻纱，可是，她丝毫不想转移自己的视线，那充满魅力的节奏，那令人陶醉的舞姿，将她深深地迷住了。

"俐俐，俐俐！"一阵阵焦急的呼唤由远而近。"你总是这样，放了学就跑来看练功，不想吃饭了！"妈妈嗔怪地对女儿说。

"妈……"女儿有些懊丧，她撒娇地扑到妈妈怀里。

妈妈终于拉着她的手走了，可她还不时地回过头来，依恋地望着练功厅。

每个人都有自己童年时代的梦，种俐俐童年的梦就是长大后当一名舞蹈家。

种俐俐13岁时瞒着爸爸妈妈考上了兰州市样板戏学习班，从此开始了她的舞蹈生涯。

舞蹈是美的，但是创造美的劳动是艰苦的。刚一进团，她就品尝到了舞蹈演员的甘苦。炎炎夏日，团里的部分演员随老师去西安学习舞蹈剧《白毛女》，夜深了，练了一天功的演员都进入了梦乡，突然一声凄厉的惨叫划破夜空，住在大通铺上的小演员们都惊慌地哭了起来，她们不知

144

道发生了什么事。一个胆大的姑娘拉亮了电灯，她们看到种俐俐流着泪趴在床上，背心上已透出了一片脓血。原来，不知是哪个姑娘上厕所时不小心踩到了她背上的疖子，大家这才发现她背上长了好几个大疖子，老师知道了这件事，坚持让她休息。白天，大家都走了，只有她一人趴在那张大通铺上，留在空荡荡的宿舍里，寂寞极了。她忍住钻心的疼痛找到老师："老师，你如果不让我继续练功，我一着急上火，背上会长更多的疖子的！"老师只好让她继续参加排练，至今她的背上还留着一个疤痕。

她硬是靠这种坚韧不拔的精神成为大型芭蕾舞剧《白毛女》的A角，一颗新星就这样在甘肃舞坛升起了。

二

瑟瑟冬日，为演芭蕾舞《天鹅之死》，她在练碎步，把浑身的解数都使在了脚尖上。脚指甲被磨掉了，露出了里面粉红色的嫩肉，又偏巧她天生没有脚后跟，穿不住舞鞋，她就使劲勒紧舞鞋，结果脚后跟又被她勒出一道深深的口子。白天，在舞蹈中，她似乎忘记了一切，可到了晚上，脚痛得钻心，她真恨不得把脚砍掉。

歌舞团又在排练舞剧《鱼美人》，那时种俐俐正处在青春期，"喝凉水都长肉"，发胖是一个舞蹈演员致命的弱点，她惶恐不安地看着自己变粗的腿，不敢回家吃饭，别人都去吃饭了，她却把塑料薄膜捆在腿上，外面再套上绒裤，她使劲地腾跳、旋转，加大运动量，为的是大量出汗，减少脂肪。练功厅的大玻璃镜是一部最真实的纪录片，它清晰地记下了她全力以赴的镜头，无论是盛夏还是寒冬，她总是练得热汗淋漓，转一圈，汗珠子也会洒一圈。

1980年，种俐俐参加了全国舞蹈比赛，表演《胡旋舞》《碧云飞》，独舞《胡旋舞》获得表演鼓励奖。

为了使自己的表演艺术达到炉火纯青的境界，除了每天固定不变的练功时间之外，她又自学外语，练习弹钢琴，还拜师学美术。她认为舞蹈和美术是可以相互借鉴的，优秀的舞蹈演员，每一段舞都应像一幅画那样给观众留下深刻的印象。她努力寻求舞蹈中的美感，这无疑是一种新的探索。也许就是在那时，她无意中播下了一颗爱情的种子。

十多年的舞蹈生活，使她深深感到距离高水准的舞蹈还差得很远。她决心报考北京舞蹈学院。去北京考试的那天，她还在演出，在返回兰州的途中，她从宝鸡直接坐车去北京。也许是由于时间太紧张，也许是由于太急于求成，她的腰在当晚练功时扭伤了。她清楚地意识到，这不仅意味着明天不能参加考试了，而且还有下肢瘫痪的可能，这就是说她的舞蹈生涯可能就此结束。对此，她几乎痛不欲生，她发疯似的用双手使劲擂墙，手青了，她却全然不知……

人们都劝种俐俐先回兰州，可她执意不肯，"不学到东西，我决不回去！"她担着风险，加倍训练，增加腰肌力量，一连几个月过去了，老师被她的精神感动了，决定把她留下。舞蹈训练有史以来都是站着的，而她却只能坐着，一会儿，冷汗就能打湿她的练功服，正是靠着这种拼搏劲，她又重新走上了舞台。

近两年的学习，她得益不浅。无论是事业，还是生活，她意识到，作为一个人，就应该得到人所能得到的东西，也只有尝试过生活中的酸、甜、苦、辣，才能塑造出具有立体感的舞台形象，而作为人本身来说，各个侧面才饱满、才充实。

学习结束后，那颗埋藏许久的爱情的种子才得以发芽了。"初次见到赵星，我觉得他很稳，靠得住。"那时，赵星在甘肃日报社搞美术，在省里小有名气。她虽然比他的年龄大一些，但是在他面前，她仿佛是个永远长不大的小姑娘。经过一年多的交往，他们结合了，这简直是两种艺术的完美结合，他的画中常常出现她秀美的容貌、健美的身影，她的舞中又常常出现他特有的绘画审美意识。他在生活上给她关心，事业上给她帮助，每当他去看她排练时，歌舞团的同行们总会异口同声地说："忠实的观众又来了！"有一次，他去看她彩排，由于音响、服饰等问题，彩排不得不常常中途停下重来。这样一来，彩排从晚上8点一直到第二天早上8点才结束，人们都哈欠连天，而他劳累了整整一夜又骑上自行车上班去了……

三

种俐俐一直想走自编自演的道路，如今她终于如愿以偿了，她和4位同事一起，将《搭错车》改编为现代轻歌舞剧。

紫红色的帷幕拉开了，在《酒干倘卖无》的歌声中，在台湾地区某城市纸醉金迷的花花世界里，由于贫困而被遗弃的婴儿——阿美，长大了。她和养父的双人舞是那么活泼欢快；落入经纪人魔掌后的独舞和双人舞是那么悲愤；和恋人在一起的双人舞又是那么充满柔情；养父为了她的前途而死去后，她的独舞又是那么痛苦，撕心裂肺……种俐俐把她的全部感情都倾注在阿美身上，她的每一段舞都活脱脱像一幅画，一幅用美妙舞姿再现的写意画。

可又有谁知道，演出时她刚从病床上站起来。一次和朋友们坐车外出观光时，意外遭遇山体滑坡，落下的大石头砸坏了汽车，汽车的铁壳掀起她的头皮……她头上缝了整整34针，演出时的头饰就是为了掩盖还未长好的伤疤和头发。

她住院期间，《搭错车》还没排好，医院里太安静了，她受不了，她要跳舞，离了舞蹈她没法生活，多少次在梦中她又回到舞台上，阿美在召唤着她……真不知是舞蹈离不开她，还是她离不开舞蹈！

种俐俐正是靠着一种顽强的信念和对舞蹈事业的痴情，把一切痛苦置之度外，塑造出了许多个性鲜明的舞台形象，赢得了观众的心。

她曾以抒情优美的舞姿，分别用芭蕾舞蹈《天鹅之死》、古典舞《木兰从军》、民族舞《牧民的喜悦》等不同舞蹈形式，塑造了三个风格不同、各具特色的艺术形象而被授予优秀演员称号，荣获甘肃省舞蹈比赛一等奖。她曾两次参加全国舞蹈比赛，并获得了表演奖。这在甘肃舞蹈界还是唯一的。她在20岁刚出头时就担任了全国舞蹈家协会甘肃分会副主席，如今她又担起了兰州艺术分校副校长和兰州市歌舞团副团长的重任。

原载于《新一代》，1988年第5期

永远的红舞鞋

泓　莹

　　我走进厦门小白鹭民间舞团的时候种俐俐正在上课，她说都是初年级的学生，领悟较慢，她说她很生气，可我就是见不到她一点点生气的痕迹。她的课堂，语言幽默流畅，一环扣住一环，和蔼可亲的笑容中糅着不容置疑的严厉，严厉中又蕴着慈母般的爱惜，纵然是电闪雷鸣般的纠错，挨"克"的学生亦只是羞涩一笑，伸伸舌头赶快纠正过来。那群含苞待放的美丽女孩，稚气的脸上都焕发着明亮的微笑，看得出来，她们很崇拜她们的种老师。

　　看她上课真是一种美好的享受。衣着随意轻松的种俐俐，展示在你面前的，是成熟女性的坦然与自信。"我36岁离开舞台，痛苦难以用语言表达。"说着她粲然一笑，笑容依然纯真动人。

　　"你不觉得累吗？"

　　"不，很充实。"

　　下课了，热爱她的学生们仍叽叽喳喳地围着她，要求这个，要求那个，她笑着命令她们去吃饭，然后带着我参观学校。她一边走，一边谈起学校的基础建设与教学管理，谈小白鹭民间舞团近年来的成绩，谈学生的素质训练……她说她每年都要担任低年级的课程，严格训练学生的基本功，"基础打好了，他们今后可以根据自己的特点，用心灵去寻找艺术感觉……"

　　种俐俐是幸运的，她从小就知道自己要做什么、要怎么做。她生于书香门第，父母希望她将来做教师，可她偏偏就是喜欢舞蹈，偏偏选择了这双永远旋转、永不停止的红舞鞋。她曾经说过，哪怕让她再选择十次，她还是要选择舞蹈，她生来就是干这个的！如果说9岁那年，她"偷"来舞鞋，在父母面前能翩翩起舞，展示了她的独特个性和在舞蹈方面的优异天赋，那么13岁时瞒着父母，悄悄考进兰州市样板戏学习班，那就完全是一种意志上的较量了。想象一下吧，她在家里排行最小，最受父母宠爱，娇生惯养、如花似玉，突然离开父母，进入学习班，日复一日，穿着被自己鲜血染红的舞鞋，挥汗如雨，成千上万次地旋转，成千上万次地腾跃。这么小的女孩儿撒娇都来不及呢，她一天居然能在练功房待十五六个小时。芭蕾舞基本功训练时，没完没了地练足尖着地，血肉模糊，曾经把脚指甲练掉了多少次？

仅仅过了一年，她就在大型芭蕾舞剧《白毛女》中成功地扮演了喜儿。这年她刚刚14岁，14岁便脱颖而出演A角，此后她究竟演了多少璀璨夺目的A角？从典雅含蓄的《春江花月夜》到英姿飒爽的《小刀会》，从如泣如诉的传统芭蕾《天鹅之死》到激越奔放的现代轻歌舞剧《搭错车》……无数的荣誉和头衔落在她头上，20岁出头，她就担任了全国舞蹈家协会甘肃分会副主席，鲜花和掌声接踵而至，然而，正当她的表演艺术达到巅峰的时候，突然发现舞台下一片空旷——这不单是舞蹈，所有的传统艺术在经济大潮的冲击下，都面临着严峻的挑战！

在别人去歌厅伴舞，到外地"走穴"，甚至过早地退出舞台的情况下，她却着力于拓宽自己的艺术视野，除了每天雷打不动地练功之外，她还学习外语，学习艺术理论，弹钢琴，画速写……艺术是相通的，要具备艺术实力，就得提高自己的综合素质，她要走自编自演的道路，她要跳舞，离了舞蹈她没法生活。

她频频到林场、牧区演出，体验生活，她发现中国民族民间舞蹈有着极广阔的领域，尤其是大西北民族特色浓郁的民间舞，表现了各民族充满欢乐、充满美感的生活，具有震撼人心的艺术魅力和顽强的生命力。于是，她全身心地投入创作，参与编导并表演了《伎乐天》《六臂飞天》等具有浓郁生活气息和深厚文化底蕴的舞蹈。

感谢甘肃电视台，在种俐俐的艺术巅峰期拍摄了专题片《耕耘在民族舞的艺苑里——记青年舞蹈演员种俐俐》，让我们得以在今天还有幸欣赏到她优美脱俗的舞姿。

《牧民的喜悦》，背景是辽阔的草原，蒙古族姑娘踏歌而舞，清新的笑容犹如春天的阳光。阳光下的喜悦流逸激荡，躯干颤动，秀丽的双肩碎抖，那是青春生命由衷涌动的欢乐，强烈欢快的节奏，是纯真的爱与美和谐的交响。舞蹈是青春的艺术，更是心灵的写意。曾有人这样写道，她不是用脚，而是用心在舞蹈。

《胡旋舞》与《伎乐天》均取材于敦煌莫高窟壁画，这不仅仅是地域风情的展示，悠悠唐风宋韵，蕴含着我国北方少数民族雄健豪放的质朴性格，时而柔情似水，时而急转如飞，刚柔并济，婀娜多姿，是中华民族人文演变的积淀，更是舞者生命感觉如诗如画的张扬与震荡。这两个艺术个性鲜明的独舞，曾经在第一届、第二届全国舞蹈比赛中获奖，这在当时的甘肃省舞蹈界是首屈一指的。

"小小的舞台对我来说是那么宽广，以至于一上舞台什么都忘了。"种俐俐之所以选择舞蹈，是因为生命中有如此之需要！"大概是我命贱"，她开玩笑地说，生来就需要这种全身心的、大运动量的练功，流血流汗后那种酣畅淋漓的快乐，肯定是别人难以理解的。命运是很奇怪的东西，她又说，"当时父亲不愿意我学舞蹈，生怕我吃不了这份苦，还怕我学坏，可我并没有学坏嘛，他希望我做教师，我现在还真是个教师"。有这样出色的女儿，她那"文化大革命"期间去世的父亲，九泉之下，该欣然微笑了吧。

她离开舞台6年了，依然眷恋艰辛而美丽的演艺生涯。1991年，她考入北京舞蹈学院继续深造，被评定为国家二级演员。不久，她作为优秀人才被引进厦门特区，担任厦门戏曲舞蹈学校副校长兼小白鹭民间舞团党支部书记。从前台到后台，很难用文字表述心理落差究竟有多大，只有她自己知道，也只有她自己能坚强地去承受，去超越。以前是肉体接受苦练，强化人体的表现功能而达到舞蹈的最高境界，现在是灵魂深处经历磨难，犹如高贵的宝刀，淬火之后仍神韵嫣然！种俐俐冷静地抛却了往日的辉煌，走进厦门戏曲舞蹈学校的课堂，她依然充满活力地腾踏、跳跃，口传身授，融教学、创作、排练为一体，默默地为他人做嫁衣。

来厦门之后，她觉得自己变了许多，以前比较好胜，愿意吃尽千辛万苦，让自己在舞台上的表演达到更高的审美层次，现在比较沉静，甚至不喜欢抛头露面。她爽朗笑道："大概是老了，能做多少就做多少。"

其实她正值壮年，精力充沛，每天都有处理不完的事务。她无怨无悔，几乎是超负荷运转。她和她的同事们一起，用自己的心血和汗水，酿就了厦门戏曲舞蹈学校丰硕的教学成果和小白鹭民间舞团令人瞩目的成绩。

1994年，她排的《雪山情》在大中专院校艺术节中获一等奖；1995年，她排的《剑舞》在大中专院校文艺调演中获特等奖；1996年，她和她的学生成功地排演了大型舞蹈《飞夺泸定桥》；在第四届全国舞蹈比赛中，小白鹭民间舞团演员袁莉荣获表演一等奖，林乃桢荣获优秀演员奖；1999年，她一手带出的1993级舞蹈班即将毕业，她和同事们共同策划了大型毕业会演《心灵的乐章》，在厦门影剧院演出，好评如潮……采访过程中，种俐俐一再强调，小白鹭的成绩是同事们呕心沥血的集体结晶，她说："我的精力主要放在教学上。"

她是离开了舞台，但并没有离开被人称为"艺术之母"的舞蹈事业，她甘做人梯，托起"明天的太阳"。应该说，种俐俐在人生舞台上仍然是"名角"。她仍然是辛苦的，也仍然是美丽的。2000年早春二月，从北京载誉而归的小白鹭民间舞团，在厦门影剧院举行一年一度的新春舞蹈公演。种俐俐担任她年年都要担任的前台主任，如鱼得水地穿行在繁忙鼎沸的后台。她总是这样忙，忙得连回答你询问的时间都没有，大到舞美的问题，小至演员的发式，要处理无数甚至是很琐碎的事。然而她不烦，她幽默风趣，谈笑之间就把所有的事情处理得有条不紊。

做幕后英雄并不容易，后台的事实在是太多太烦琐了，忙乎半天，就为那辉煌的一瞬间。以前总是在台上，不明白其中的甘苦，现在回想起来，当演员是比较愉快、比较轻松的。"那时我的生活是太单纯了"，她悄悄地对我说，"不瞒你说，我现在走近舞台还是一阵不由自主的兴奋，啊，能进入演出状态真是太幸福了！我那时只管一心一意地跳舞，妈妈好宠我。上有母亲，下有哥哥姐姐，我从来不管家事，衣来伸手，饭来张口，说来你也许不信，我在28岁结婚之前手里从来没有拿过钱，工资都交给妈妈了。"

"女强人"，实在是个值得商榷的词语，虽然说时代的确是不同了，

　　但是女性要做一番事业毕竟不容易，常常有鱼与熊掌不可得兼的遗憾。种俐俐没有一般职业妇女多半都有的烦恼，她很幸运，她有一个令人羡慕的幸福家庭，她的工资现在交给老公。每当她忙碌一天回到家里时，迎接她的，总是热腾腾的饭菜、和蔼的笑脸，还有女儿欢快的笑声。

　　谈到婚姻，她说这大概是缘分吧，因为钟情于舞蹈迟迟未考虑个人问题，一眨眼便25岁了，当时有很多人介绍，看来看去看不出什么名堂，而初次见到赵星，她就觉得他很稳重，是个靠得住的人。就是他了，她想。一次从北京出差回家，刚到家，就有朋友对她说，有人在悄悄等你，一看，还是他。你说，这不是缘分是什么？

　　她的先生赵星是很有成就的画家，那时，他常常看她排练，与她切磋艺术造型问题，帮她拍摄剧照，而他的画中，也常常出现她姣好的容貌与飘逸的舞姿。现在她忙于学校剧团的行政事务和舞蹈教学，他仍一如既往地支持她的工作，帮她策划演出广告，设计节目单。"小白鹭"的新春会演还有一会儿才开始，忙了半天的种俐俐说，咱们歇歇吧。她带着我坐在她的同事之间，大家嘻嘻哈哈开着玩笑，这时有人说："我们要请种老师介绍经验，介绍一下她究竟是怎么调教老公的，我们这儿，就没有一个人能像她那样把老公调教得那么好！"

　　哄然大笑，她跳起来，笑着去捂人家的嘴。玩笑毕竟是玩笑，真正相濡以沫的夫妻，恐怕不存在谁调教谁或者谁牵制谁的问题。种俐俐笑着又给我说了个事儿，去年，她回兰州时发现以前的朋友中，有百分之八十离了婚，还有一些人又结了婚，正在感慨之间，人家问道："啊，你不也结婚了嘛，先生是做什么的？"她说是画家。对方说："啊，怎么又是个画家？难道你这辈子跟画家结下了不解之缘？"她笑着说："我就结过一次，我这辈子就这么一个呀。"这事儿听起来还像笑话，他们相伴相偕，已经走过了15年，15年风雨同舟，回头一望，彼此都没有失去自我，工作上、艺术上都是硕果累累。"这15年，有一半是在厦门度过的"，种俐俐说，"厦门肯定是来对了，说起来还是幸运的，我该知足"。

原载于《文明建设》，2000年第6期

她把自己献给了孩子

种俐俐出生在西北，扎根厦门

罗琳文

去找种俐俐采访的那个早上，天气正从温暖转冷，并刮起了大风。因为之前种俐俐说她很想带我去看看戏曲舞蹈学校，看看她教的那帮孩子，记者就来到了戏曲舞蹈学校。种俐俐站在楼下等，然后她带着我一间间教室地去参观，她说早上正好有她带的民族舞蹈课，我可以去看看。

十三习"舞"　十四成名

种俐俐，甘肃兰州人，现为厦门戏曲舞蹈学校副校长，小白鹭民间舞团党支部书记，厦门市舞蹈家协会副主席。种俐俐前半部人生的精彩，只能从她拿出的不多的几张黑白剧照中领略一二，当年那个豆蔻年华的她，在舞台上光芒四射。她参演过芭蕾舞《白毛女》《红灯记》、民族舞《胡旋舞》等，花木兰、鱼美人、白天鹅都是她的另一种形象，那种风采即使隔了几十年，看上去也依然震撼人心。她，十三岁学习舞蹈，十四岁成名，在甘肃无人不知，拿到多个奖项——全国舞蹈比赛表演奖、全省青年舞蹈演员观摩演出一等奖、甘肃省优秀演员，中央电视台等许多媒体采访过她，二十岁出头就当了甘肃省舞协副主席，兰州市歌舞团副团长、市艺术分校副校长。

来厦开始第二个人生

种俐俐觉得自己好像达到了事业的顶峰，舞台上的艺术生命毕竟有限，于是34岁那年，她在结婚生子后，考进北京舞蹈学院中国民族民间舞系教育专业，决定选择另一种人生。

　　种俐俐说，来厦门之前她不知道自己的第二个人生会是怎样的，但她还是来了，带着对蓝色大海的向往。毕业实习时，她来到厦门戏曲舞蹈学校，校长曾若虹问她愿不愿意留下来，她答应了。那时，学校条件简陋，上课只能也用歌仔戏团的砖瓦平台，厦门的舞蹈文化也远非她想象的那么好，但这些都没有吓走种俐俐，她还是带着丈夫和孩子从大西北来到这个陌生的城市，开始她的第二个人生，与"小白鹭"一起高飞。

　　种俐俐来厦时间与小白鹭民间舞团等长。这十年是厦门戏曲舞蹈学校发展壮大的十年，是"小白鹭"从一个刚刚组建、籍籍无名的舞团到展翅高飞、名扬天下的十年。这十年是种俐俐和同事们付出心血并取得硕果的十年。1994年，她编排的舞蹈《雪山情》在全国大中专院校艺术节中获得一等奖；1995年，她编排的舞蹈《剑舞》在全国大中专院校文艺调演中获得特等奖；1996年，她和她的学生成功地排演了人型舞蹈《飞夺泸定桥》；在第四届全国舞蹈比赛中，小白鹭民间舞团的演员袁莉获得了表演一等奖，林乃桢获得优秀演员奖；1999年，她和一手带出的1993级舞蹈班及同事共同策划、演出了大型毕业会演《心灵的乐章》，在厦门影剧院演出时好评如潮……

　　厦门戏曲舞蹈学校先后与北京舞蹈学院、中国戏曲学院等联合办学，培养出一批批舞蹈人才。小白鹭民间舞团还多次应邀参加中央电视台的春节联欢晚会、元宵歌舞晚会等，频频受邀出国演出……历经劫难，她依然坚强。

　　种俐俐的朋友都说她特别坚强，在她的生活中，她经历了两次重大事故，其中的痛苦与艰难是常人无法想象的，可是她还是坚持过来了。

　　28岁，她的艺术生命正辉煌，也刚刚结婚。这时，她却意外出了车祸，整个脑袋围着天灵盖一圈都缝了针，谁都以为她不可能再站在舞台上了，然而最后，她还是继续穿上舞鞋，在舞台上旋转她的人生。另外一件事发生在2001年，她的丈夫被检查出得了淋巴癌。得知诊断结果时，她跑到洗手间哭了一场，回家收拾行李，瞒着家人和丈夫，带着丈夫去北京治病。"那时候我觉得这就快坚持不住了，连掉了治病的两万元钱都不知道，只好打电话给我哥哥，让他快来北京。"幸运的是，丈夫的病情比原来想象的要乐观。"现在他处于休养期间，我要像哄孩子一样哄他，不让他生气。"

她有个幸福的家庭

种俐俐的丈夫是位知名的画家，作品曾多次入选全国美展。外表粗犷的他，内心却极为细腻，对种俐俐十分呵护。他的画作里经常有种俐俐起舞时的优美影子。近二十年的婚姻，丈夫曾为了她，离开他喜欢的创作环境——大西北，来到厦门。他每日开车接送种俐俐上下班，学校的门房不认识高大、头发自然卷的他，说："书记怎么有个土耳其司机。"

看看这一对夫妻，我想没有比"患难与共"更能形容他们俩的词。他们十三岁的女儿聪明懂事，晚上会为劳累一天的种俐俐读书读报。"我就是舍不得她，我和她说，以后你去北京上大学，我就去北京开一家艺术茶馆。"种俐俐说刚结婚时不想要孩子，现在却后悔生孩子太晚。

学生也都把她当作妈妈

种俐俐是学校主管教学的副校长，"那些孩子很小就来到这里，和我们在一起的时间远远多过父母，所以就把老师当作了父母"。和从前在舞台上不同，她得看着这些孩子，那是另一种满足，"学生们都把我当妈妈一样，他们对我说：'老师等我们有成就了，就喊你一声妈妈好不好？'我说：'好啊！那没成绩就不喊了？'他们说：'没成绩不好意思喊。'"。

第三个人生还是"教育"

虽然总有行政事务纠缠着她，可她还是想在本行上做点什么。种俐俐说自己退休以后，想开一家艺术小学校或幼儿园，培养一些孩子。"这第三个人生也会很好的，不过现在不行，现在还有这些孩子啊。"举手投足间，种俐俐依然散发着艺术家那种优雅与从容，其实她依然保有几分童真，这在她和同事的玩笑中，在和丈夫说话的神情间以及和我的对话中都能感觉得到。"我现在都不敢照镜子了，胖了这么多"，可是从她身上，我看到了什么是真正的"优雅地老去"，那种美丽是岁月无法剥夺的。

原载于福建省《东南早报》，2004年3月7日

▲ 1994年，种俐俐刚到厦门时与女儿赵崇在海边合影

▲ 2023年，种俐俐到厦门湖里实验二小指导舞蹈《葵花朵朵向阳开》

种俐俐：做中国民族民间舞传承的使者

焦 雯

提到"小白鹭"，提到厦门班，种俐俐是一个绕不开的名字。20年前，正是在她的陪伴下，"小白鹭"飞回了厦门。20年来，也正是在她的默默守护下，"小白鹭"得以健康成长，并成为北京舞蹈学院当年诸多地方班中硕果仅存的一个。

▲ 种俐俐

如今，人们因为"小白鹭"而熟知种俐俐的名字，却很少有人知道，曾几何时，她也是红遍大西北的著名舞蹈家、甘肃"舞蹈皇后"。

为了民族民间舞的传承，她放弃了钟爱的舞台和兰州市歌舞团副团长的职务，成为厦门艺术学校的一名普通教师；同样是为了民族民间舞的传承，几年前，她又毅然放下了心爱的教鞭，回归行政岗位，扛起厦门艺术学校与小白鹭民间舞团的重担；仍然是为了民族民间舞的传承，她不懈努力，终于完成了"小白鹭"历史上首部原创舞蹈诗《沉沉的厝里情》，并且一炮打响。但当我们问她，未来还有什么计划时，她却不好意思地笑笑说："我还是想做一名老师。"

14岁"小白毛女"红遍大西北

舞蹈对于种俐俐来说，一定是一种宿命。20世纪50年代出生的她，顺利考入当时的兰州市样板戏学习班。尽管老派知识分子的父亲并不希望女儿从事文艺，但是倔强的种俐俐还是坚决地选择了舞蹈。

样板戏学习班很快就集体赴陕西歌舞剧院进行正式学习，13岁的种俐俐在全团里是年纪最小的一个，却也是最有天赋、最刻苦的一个。由于水土不服，许多孩子都长了疖子，种俐俐也不例外，就在最要害的腰椎骨上。因为练舞，伤口总是愈合不了，医生曾劝诫她，再不休息就有可能瘫痪，但种俐俐从未因此影响过训练，而那个顽强的疖子也一直到学习结束才好，直到现在，种俐俐的背上还有当时化脓留下的伤疤。

半年后，由种俐俐扮演的"喜儿"一角一经在兰州亮相，便引起轰动。人们欣慰而自豪地奔走相告："我们的喜儿跳得太好了。"一直不肯理睬种俐俐的父亲，这才改变了态度。

一举成名的种俐俐从此过着顺风顺水的生活，几乎担纲了兰州市歌舞团当时所有的舞剧主角，又理所当然地升任副团长、甘肃省舞协副主席，并成为市劳动模范、市人大代表。

34岁的妈妈考生

尽管30岁出头已是荣誉等身，但是种俐俐始终觉得心里有些空荡荡的，为了更好地继续自己的艺术生涯，种俐俐决定去北京舞蹈学院深造。

是年，种俐俐34岁，女儿刚满9个月，和她一起参加高考的，全是十几二十几岁的年轻学生。因为"文化大革命"，种俐俐读到初一就辍学了。许多人劝她，现在这样挺好的，干吗要折腾自己呢？可种俐俐偏偏打定了主意，一定要拿到大学文凭，重新定义自己的人生。

为此，她天天把自己关在屋子里学习文化课，还重新拾起了基本功，天天练习。最终，种俐俐如愿以偿地考入北京舞蹈学院中国民族民间舞系教育专业。担任种俐俐班主任的明文军老师（现北京舞蹈学院副院长），也曾兼任过厦门班班主任,从此,种俐俐与厦门班结下了不解之缘。

第二次归零

毕业时,种俐俐进入厦门班进行实习,从此便再也没有离开。"我是委培生,原本还想回去回馈大西北,但是在北舞的学习经历让我意识到,中国民族民间舞的传承更为重要,我决心做一名民族民间舞传承的使者。"1993年,在得到兰州方面领导的首肯后,种俐俐放下了在兰州的一切:事业、荣誉、地位,包括家人,同厦门班一起,来到了新兴的经济特区——厦门。

当时的厦门还不是一个发达的滨海城市,厦门艺术学校的前身厦门戏曲舞蹈学校,也仍驻扎在先锋营1号破烂不堪的老校舍,"小白鹭"则刚刚蹒跚起步,连基本的办公条件都不具备,但种俐俐毅然决然地留了下来,成为一名普通的舞蹈教师,同时也是"小白鹭"的守护者。

校长"奶奶"的老师梦

20年过去了,如今的"小白鹭"已成长为海内外知名的中国民族民间舞专业表演团体,厦门艺术学校也已是国家级重点中等职业学校,它开创的"团校合一"模式,至今仍为人们所称道,为厦门艺术学校、"小白鹭"呕心沥血的老校长曾若虹退休后,种俐俐成了学校和"小白鹭"的掌舵人。

因为对演员和学生们关爱有加,种俐俐常被称作"奶奶",但这位忙碌的校长"奶奶"在公务之余,憧憬的却仍是如何重回课堂,执掌教鞭。或许因为父亲是教师的缘故,从小她就十分敬重老师,也想成为一名老师。

而现在的种俐俐,不是老师,却胜似老师,在厦门艺术学校和"小白鹭"这个大家庭里,她无疑充当着"大家长"的角色。短短3年间,无时无刻不为学校和"小白鹭"操心的种俐俐瘦了近10斤,但看到几代"小白鹭"同台演出的《沉沉的厝里情》，看到由她们最先整理的闽南"拍胸舞""钱鼓舞"博得观众们的喜爱，看到以专业品质开办的小白鹭业余艺校的孩子们跳起民间舞时，种俐俐便觉得，这一切都是值得的。

　　"感谢上苍，给了中国民族民间舞这么好的一个团队，我们的中国民族民间舞有希望了！"中国民族民间舞的泰斗级人物和奠基者、北京舞蹈学院学术委员会副主任潘志涛在看完《沉沉的厝里情》后，流着泪对种俐俐说。那一刻，种俐俐亦是泪流满面。对于事业，对于个人，对于舞蹈诗来说，要感恩的东西太多了，没有厦门市委、市政府的高度重视，没有厦门市文广新局的全力支持，没有母校北舞的关爱，没有艺校师生及演职员的理解、配合，这个理想是不可能实现的。20年的坚守，20年的守望，所有的一切就在这一刻，都有了答案，有了定义⋯⋯

　　　　　　　　　　　　　　　原载于《中国文化报》，2012年12月19日

《沉沉的厝里情》：讲述的比舞蹈更多

焦　雯

近日，在厦门市委、市政府的高度重视，市文广局的大力支持下，由厦门小白鹭民间舞艺术中心（厦门小白鹭民间舞团）、厦门艺术学校创排的闽南风情舞蹈诗《沉沉的厝里情》，在北京舞蹈界引发了"精神地震"，包括中国舞蹈家协会分党组书记、副主席冯双白等在内的一系列专家、学者，都对该剧给予上佳的评价，称其是近年来舞蹈界不可多得的一部"讲人话、述人情、接地气的好作品"。12月14日晚，《沉沉的厝里情》在福建龙岩参加第五届福建艺术节演出，尽管因灯光故障延迟近1个小时，但是精彩的演出仍获得了革命老区观众的盛赞。

一部舞蹈诗，何以能在舞蹈界引发如此反响？何以能让专家、领导和普通观众均点头叫好？作为中国唯一的民族民间舞专业表演团体、中国民族民间舞发展的"试验田"，"小白鹭"的成功与坚守，能带给当下的文艺界什么样的启示？

12月2日晚，六级大风吹得满大街空空荡荡，而新落成的北京舞蹈学院剧场却沉浸在无比热烈的氛围中，掌声、欢呼、泪水、叹息、欣喜……种种复杂的情愫，因为一出闽南风情的舞蹈诗，交织在这个令人难忘的夜晚。

20年前，北京舞蹈学院厦门班的21位同学，在京专攻5年中国民间舞蹈后，"飞"回鹭岛，成立了厦门小白鹭民间舞团，20年后，这只"小白鹭"又携新作闽南风情舞蹈诗《沉沉的厝里情》回到北京，向母校汇报，展示这些年来的成长与历练。

惊喜：《沉沉的厝里情》感动北舞

作为北京舞蹈学院2012演出季的参演剧目之一，《沉沉的厝里情》

（以下简称《厝里情》）于12月2日至4日在北舞剧场演出。尽管此前该剧已在厦门演出10余场，颇受好评，但是能否经得起北京观众尤其是中国舞蹈最高学府专业人士们的考验，厦门艺术学校校长、厦门小白鹭民间舞团团长种俐俐坦言"心里没底"。

然而出人意料的是，演出的反响竟比在厦门首演时还要热烈得多。取材于闽南民间生产生活的精彩舞段一段接着一段，整场演出都伴随着几近狂热的掌声、口哨声、欢呼声，演员们投入的表演、如泣如诉的音乐，也使不少观众为剧情所感动，默默拭泪。当所有演员在舞台上高喊出"回家吧，回家吧……"时，全场气氛终于到达沸腾的顶点，紧接着，是长达近两分钟的掌声和欢呼。

演出时，坐在记者身旁的舞蹈界元老、北京舞蹈学院原院长吕艺生也一直在不停地拭泪。在随后召开的研讨会上，他表示："《沉沉的厝里情》对舞蹈诗而言，是一部里程碑式的作品，因为这部作品，我们可以说，舞蹈诗在中国能够站起来了。近年来，舞蹈诗创作多限于公式化、概念化，停留在表层无法深入，而这部作品好舞段一段接一段，如《网织》《船歌》《拾海》，段段都精彩，还有许多动人的细节，非常感人。"

《厝里情》的总导演助理李伟斌曾在"小白鹭"工作7年，今年刚刚从北京舞蹈学院毕业，他告诉记者，演出结束后，不少曾在厦门艺校读书、如今成为"北漂"的同学到后台找他："（他们）流着泪拥抱我们，说这部剧太棒了，特别遗憾自己没能参与这个演出。"

甚至连北京舞蹈学院的保安队，也专门为"小白鹭"制作了一个敬礼函，张贴在后台。

感动：好作品源于每个人的投入

"这个剧是一个离家游子讲述的关于闽南故乡的故事。女主角'我的阿嬷'阿月人生的各个阶段，从少年、初恋、新嫁、持家及至老去，也正是无数闽南女子勤劳、隐忍的一生的缩影。"《厝里情》的总编导靳苗苗是北京舞蹈学院副教授，曾在北舞与厦门班的学生们共同学习民间舞，少时又曾在厦门读书，对闽南、闽南人有着一份特殊的情感。

"现在看来，我们走人的内心、人的情感这条路线是走对了，剧情其实很简单，也很真实，对许多闽南女人来说，丈夫出海，一辈子可能都不会再回来，（她们）所能做的就只有隐忍和等待。"靳苗苗表示，这部剧不同于当下许多舞剧，既没有华丽的灯光、舞美，也没有一位外来的"大腕""明星"，但是依然获得了成功。"主要原因除了关注人物内心之外，我们还灵活运用了木偶戏、高甲戏等闽南文化元素，演员们的倾情演出更是必不可少的因素。"

靳苗苗坦言，这样一部作品，可能只有在"小白鹭"才能得以实现："一方面，'小白鹭'给了我很大的创作空间，没有命题作文，让我能够去寻找自己最感动的点，另一方面，演员们也主动地参与了整个创作过程，给我很多启发。"

靳苗苗说，"小白鹭"里的每个演员甚至包括后勤人员，都在为这部舞蹈诗的成功而努力。"这里就像一片艺术的净土，所有人都很纯净，都在为了一个共同的目标而努力，倾尽所有地去实现艺术理想。"

由于"小白鹭"一直实行团校合一，厦门艺术学校2008级的学生们也参与了演出，为了排练，近百位师生暑假两个月均未休息。厦门的暑期格外炎热，且为防关节受损，练舞时又不能常开空调，于是，挥汗如雨成了孩子们每日的常态。

"最感动的是，每个人，无论是主角还是群舞演员，都特别投入，因此，没有一个人感觉游离于演出之外。"靳苗苗表示，为了增强演员们的表演技巧，他们特意从北京请老师前来教授表演课程，还要求每个演员为自己在剧中扮演的角色写人物小传，充分体会人物内心的情感。"只有打动了自己，才能把这种感觉传递给观众。"

启示：舞蹈应少点炫技、多些真情

"我觉得这个戏最让人感动的一点就是三个字——'回家吧'。长久以来，我们的很多舞蹈剧目创造了非常壮观的景象，但用一个剧目来说一句贴近人心的话、接地气的话还很少见，这个创作方向值得肯定。"在《厝里情》的研讨会上，中国舞蹈家协会分党组书记、副主席冯双白如是说。他认为，该剧向社会、向舞蹈界传递了一个信息：中国的民族民间舞蹈文化可以感动观众，可以取得成功，使我们对于中国的民族民间舞蹈有了道路自信、理论自信。

专家们普遍认为，在一些歌舞团忙着炫技、忙着打造越来越华美的服装和舞美时，"小白鹭"的朴实无华却如同一股清风扑面而来，唤醒了人们心中那份最本真的情感。"没有十个二十个的转圈，没有六点差一刻式的掰腿，没有惊人的跳跃、高难度的动作，就是民间舞，就是围绕人物的内心情感，围绕情节、情感的发展逻辑，非常好。"惯于说"真话"的著名舞蹈编导、理论评论家、北京舞蹈学院教授肖苏华，此次也禁不住为"小白鹭"叫起好来。

仅有35位专业演职员、创作经费也十分有限的"小白鹭"，为何能一次次地站上各类舞蹈大赛的领奖台？又为何在20年间足迹遍布五大洲，总能博得海内外观众的喜爱，成为厦门的城市名片？

"我想我们的原动力，来自厦门市委、市政府、厦门人民的厚爱和支持，以及我们对中国民族民间舞的热爱和坚守，还有对艺术理想的不懈追求。"种俐俐告诉记者，"小白鹭"的演员决不允许外出"走穴"赚钱，并且至今，每天都要进行基本功训练，每年还有三次严格的业务考核。"即便在建团初期经济极为困难的情况下，我们也没有放弃不'走穴'的原则，演员们一直都全神贯注于艺术表演的创作中。"

这与当下个别艺术团体的散漫浮华之风，形成鲜明对比。"有个别院团要么忙着评奖，要么忙着走市场，一味逢迎，很难深入挖掘、静心创作，都是抄来抄去，或者干脆用舞美来凑。而对于很多舞蹈演员来说，编得快的编导就是好编导，反正自己也不是主角，敷衍了事一下就行了，有些演员甚至以动作不到位、能与编导对着干为荣。"一位业内人士如是说。

"'小白鹭'就是我们的家。"这是采访中记者听到最多的一句话，实际亦是如此，每个家庭成员都深深地爱着它、呵护着它。在此次福建艺术节的演出中，由于灯光设备故障，"小白鹭"的演出被迫推迟近1个小时，险些取消，但候场的演员和学生们都静静地等待着，没有一句质疑或者抱怨，有的只是相互的鼓励和安慰："就算是大白光'裸演'，我们也能跳得让全场都感动！"最终，演出照常进行，"小白鹭"们的百倍投入，将演出延迟的阴霾一扫而空，观众们笑着、泪着，却都没看出来，其实灯光仅仅只恢复了三分之二……也许，这也正是"小白鹭"的珍贵之处。

厦门艺术学校是国家级重点中等职业学校，创办于1958年。学校开设具有民族特色与闽台文化风格的艺术表演专业，骨干专业有中国民间舞表演、闽南地方戏曲表演（歌仔戏、高甲戏、南音等）以及茶文化艺术表演、影视表演、舞台美术、民族器乐、声乐等专业。创办半个多世纪以来，学校培养了一大批国家级舞蹈、戏曲表演人才，其中不乏文华奖、梅花奖、荷花奖的获奖演员。

学校首创"团校合一"的办学模式，于1993年培育、创建了中国第一个专业民间舞艺术表演团体——厦门小白鹭民间舞团。舞团以其浓郁的中国民族民间舞蹈表演风格、独特的闽南地方特色、精湛的演技享誉海内外。

学校与小白鹭民间舞团实行"团校合一""前店后厂"的艺术教育模式、经营管理模式。学校与舞团之间资源共享，优势互补，教学相长，实现了艺术教育与艺术市场可持续发展的双赢局面。

团校合一，强化"小白鹭"的艺术价值观、品牌影响力、核心竞争力，出人才、出精品、出名团、出效益，在全国文艺体制改革和艺术院校教育发展中独树一帜。

校、团正努力探寻新形势下的现代文化教育与文化产业协调发展的教育经营管理之路。

原载于《中国文化报》，2012年12月19日

第五辑　附录

大事年表

1957年	9月29日，出生于甘肃省兰州市。
1963年（6岁）	就读于西北民族学院附属小学。
1969年（12岁）	就读于西北新村中学。
1970年（13岁）	考入兰州市样板戏学习班。
1971年（14岁）	赴陕西省歌舞剧院进行舞蹈专业培训，学习、排演大型芭蕾舞剧《白毛女》。
1972年（15岁）	担当主演（喜儿）的芭蕾舞剧《白毛女》正式公演。3月，父亲种肇煦逝世。
1973年（16岁）	兰州市歌舞团正式挂牌成立，转正为兰州市歌舞团舞蹈演员。
1974年（17岁）	学演大型芭蕾舞剧《红色娘子军》，担任主角吴清华。
1975年（18岁）	在兰州市歌舞团创作的舞剧《长虹万里》中扮演女主角红梅。加入中国共产党。
1976年（19岁）	学演朝鲜族独舞《养猪姑娘》、古典独舞《春江花月夜》。

1977年（20岁）	担当主演（周秀英）的民族历史舞剧《小刀会》正式公演。
1978年（21岁）	在舞剧《鱼美人》中扮演女主角鱼美人。11月28日，中共西北民族学院委员会召开隆重的追悼会，为父亲种肇煦平反昭雪。
1979年（22岁）	表演双人舞《西班牙主题》。学演芭蕾独舞《天鹅之死》、民间舞《猪八戒背媳妇》。
1980年（23岁）	代表甘肃代表队参加全国第一届舞蹈比赛，表演独舞《胡旋舞》《碧云飞》，其中《胡旋舞》获表演鼓励奖。
1981年（24岁）	在古典芭蕾舞剧《天鹅湖》二幕中扮演女主角"白天鹅"奥吉塔并正式公演。
1982年（25岁）	10月，公派赴北京舞蹈学院进修一年，主修基本功、民族民间舞、古典舞，学习多个独舞剧目。
1983年（26岁）	参加甘肃省青年舞蹈演员观摩比赛，表演古典独舞《木兰出征》、民族民间独舞《牧民的喜悦》、古典芭蕾独舞《天鹅之死》三个节目，荣获演出一等奖和甘肃省青年"优秀演员"称号。
1984年（27岁）	表演朝鲜族独舞《长鼓舞》、古典独舞《长绸舞》，获兰州市音乐、舞蹈观摩会演一等奖，并获兰州市"优秀演员"称号。

1985年（28岁）　　当选兰州市人大代表、甘肃省舞蹈家协会副主席。获兰州市劳动模范、兰州市新长征突击手、兰州市宣教系统先进个人及先进工作者称号。担任兰州市歌舞团副团长。9月，与当时在甘肃日报社担任美术编辑的赵星结婚。

1986年（29岁）　　参加全国第二届舞蹈比赛，自编自演的独舞《伎乐天》获优秀演出奖，并受吴晓邦、贾作光老师亲切接见。由甘肃省电视台国际部拍摄的电视专题片《耕耘在民族舞的艺苑里——记青年舞蹈演员种俐俐》，作为对外宣传交流节目并在国内正式播出。5月，加入中国舞蹈家协会。

1987年（30岁）　　根据敦煌壁画创作、编导舞蹈《六臂飞天》，由甘肃省舞蹈艺术学校学生表演，获首届金城文艺奖创作二等奖，该舞蹈至今仍被列为北京舞蹈学院教学展演剧目。4月，参与创作兰州市歌舞团轻歌舞剧《搭错车》，担任编导之一，并担任剧中女主角阿美。

1988年（31岁）　　学演古典三人舞《贵妃醉酒》。

1989年（32岁）　　在兰州市文艺会演中，表演傣族民间独舞《雀之灵》，获表演一等奖。

1990年（33岁）　　3月，女儿赵崇出生。9月，赴北京舞蹈学院参加中国民族民间舞系教育专业的全国专业面试。

1991年（34岁）　　参加全国高等教育统一考试，考入北京舞蹈学院中国民族民间舞系教育专业学习。在校学习期间，任班长、校学生会副主席。

1992年（35岁）	在北京舞蹈学院求学期间，主修中国民族民间舞教育、芭蕾基训教学法、编导课、艺术管理、实习课等。
1993年（36岁）	5月，由北京舞蹈学院中国民族民间舞系派赴福建省实习招生，组建厦门戏曲舞蹈学校舞蹈专业。10月，被甘肃省文化厅、人事厅评为"国家二级演员"职称。
1994年（37岁）	由厦门市委组织部通过人才引进机制，正式调入厦门戏曲舞蹈学校，任舞蹈科主任、舞蹈教师。
1995年（38岁）	任厦门艺术学校教学副校长。由厦门电视台拍摄了介绍赵星和种俐俐一家的专题片《艺缘——来自大西北的艺术之家》，在厦门电视台播出。
1996年（39岁）	7月，率小白鹭民间舞团赴菲律宾宿务访问、演出。
1997年（40岁）	任中共厦门小白鹭民间舞团党支部书记。3月，率小白鹭民间舞团赴新西兰惠灵顿参加"厦门——惠灵顿建立友好城市十周年"及亚洲节演出。
1998年（41岁）	6—9月，率小白鹭民间舞团赴西班牙、法国、意大利参加孔福朗等九个国际民间艺术节巡演。在意大利期间，舞团演职员主动通过大使馆为祖国特大洪灾捐款，受到外交部、文化部嘉奖。10月，受到厦门市教育委员会、中国建设银行厦门市分行、厦门市教育基金会联合表彰，授予"厦门建行校长奖励"基金。
1999年（42岁）	当选厦门市思明区政协第四届委员会委员。

2000年（43岁）　　5月，率小白鹭民间舞团赴马来西亚槟州友好城市交流演出。

2001年（44岁）　　应金门两岸交流协会会长李炷烽先生邀请，率小白鹭民间舞团直航金门做交流、演出。

2002年（45岁）　　创办厦门艺术学校附属小白鹭业余艺术学校，该校是由厦门艺术学校和厦门小白鹭民间舞团（艺术中心）共同打造的一所非学历艺术培训机构。9—10月，率小白鹭民间舞团赴新西兰、澳大利亚访问、演出。11月，率小白鹭民间舞团随福建省人民政府赴香港参加"福建周"展演。

2003年（46岁）　　当选福建省第十届人民代表大会代表。当选厦门市舞蹈家协会副主席兼秘书长。8月，率厦门小白鹭民间舞团访问印度尼西亚。

2004年（47岁）　　参与编导的舞蹈《海那边》在全国第六届舞蹈比赛中荣获创作二等奖、表演一等奖。5月，获"第六届全国舞蹈比赛组织工作先进个人"表彰。7月，率小白鹭民间舞团赴德国参加在不莱梅举办的奥林匹克国际合唱比赛接旗仪式，呈上一场以"中国厦门之夜"为主题的精彩晚会，2006年，第四届世界合唱比赛在中国厦门举办，因其工作积极获得表彰，集体荣获"特别荣誉奖"。11月，率小白鹭民间舞团赴马来西亚参加庆祝中马建交30周年纪念演出。12月，被评为厦门市双拥工作先进个人。论文《传承与发展——民族民间舞表演专业教学的一些思考》获中国中等艺术教育论文评选一等奖。

2005年（48岁）　　被评为厦门市劳动模范。荣获厦门第四届"金鹭奖"优秀编导奖。《一次大胆的尝试——舞蹈〈海那边〉的创作过程》一文在杂志《福建舞蹈》上发表。论文《发扬民族传统　体现时代风貌——浅谈厦门小白鹭民间舞团的艺术风格》在杂志《福建舞蹈》上发表。

2006年（49岁）　8月，《闽南拍胸、钱鼓组合课》获文化部文华艺术院校奖第8届"桃李杯"舞蹈比赛精品组合课优秀编排奖。连续三年率小白鹭民间舞团赴台湾地区举办"白鹭展翅·台湾高飞"基层巡演。10月，当选中共厦门市第十次党代会代表。11月，率队参加第四届世界合唱比赛（中国—厦门2006），荣获国际文化交流基金会主席签署的"工作积极，成绩卓著，以资表彰"证书。指导表演的《洗衣舞》荣获第8届"桃李杯"全国舞蹈比赛园丁奖。11月，人名词条入编由中国舞蹈家协会主编的《中国舞蹈家大辞典》。12月，应厦门晴娜芭蕾舞蹈学校特邀，出访乌克兰，进行为期十天的艺术培训交流活动。论文《秧歌走进央视的思考》在《北京舞蹈学院学报》上发表。

2007年（50岁）　3月23日至4月3日，应邀率厦门青年文化代表团一行16人赴友城瑞典吕勒奥市和荷兰祖特梅尔市进行回访、交流、演出。论文《论艺术职业教育与"团校合一"的创新探索模式》在杂志《中国舞蹈》上发表。论文《守望丰饶的家园——民间舞头部动态的风格特征》在福建《艺苑》杂志上发表。论文《民族民间舞蹈的自我定位》在《中国文化报》上发表。

2008年（51岁）　连任福建省第十一届人民代表大会代表。12月，获"改革开放30周年中国艺术职业教育优秀教师奖"称号（全国共30

名）和"国家一级导演"职称。厦门小白鹭民间舞团荣膺厦门改革开放30周年十大文化建设品牌之一。

2009年（52岁）　任厦门艺术学校常务副校长（法人代表）、厦门小白鹭民间舞团团长（法人代表）。获"福建省巾帼文明标兵"荣誉称号。7月，群舞《阿婆的幸福生活》获文化部文华艺术院校奖创作、群舞表演一等奖的园丁奖。

2010年（53岁）　9月，受厦门文学艺术界联合会表彰，荣获"厦门文艺先进工作者"称号。10月，率小白鹭民间舞团应邀参加邮轮航线首航（厦门—基隆—台中—香港），并在皇家加勒比国际游轮公司旗下的"海洋神话号"邮轮上演出。12月，受文化部委派，率小白鹭民间舞团一行共16人前往印度参加中印建交60周年纪念活动暨印度·中国节闭幕式演出。

2011年（54岁）　当选为厦门市舞蹈家协会主席。被评为福建省"文化系统先进工作者"。获厦门市教育系统管理奖。获第三届中国诗歌节"先进个人"称号。4月，参加厦门市文化局组织艺术家访问俄罗斯，进行考察学习。6月，率小白鹭民间舞团出访匈牙利布达佩斯第16届国际多元文化节——多瑙国际民间艺术节。

2012年（55岁）　任全国文化艺术职业教育教学指导委员会委员。参与创作的群舞《海上民谣》荣获全国文化艺术院校第10届"桃李杯"舞蹈比赛二等奖，并获全国第四届中小学生艺术展演活动艺术表演类舞蹈一等奖、节目优秀创作奖。担任出品人和艺术总监的舞蹈诗《沉沉的厝里情》获第五届福建艺术节优秀剧目奖。《中国文化报》以"种俐俐：做中国民族民间舞传承的使者"为题，赞颂其为艺术事业矢志不渝的事迹。6月，率小白鹭民间舞团26人参加2012年韩国丽水世博会中国厦门推介活动交流演出。12月，率厦门小白鹭民间舞团赴北京舞蹈学院参加2012演出季，参演节目为舞蹈诗《沉沉的厝里情》，北京舞蹈学院原院长吕艺生称赞其是一部里程碑式的好作品。应邀率小白鹭民间舞团参加厦门市侨联组织的赴香港参加香港集美校友会成立30周年庆典演出。自本年度起，担任厦门小白鹭民间舞团和厦门艺术学校每年度大型舞蹈专场演出的总策划。

2013年（56岁）　　任厦门小白鹭民间舞团艺术中心艺术总监。舞蹈诗《沉沉的厝里情》荣获文化部第十四届文华奖"优秀剧目奖"、第九届中国舞蹈"荷花奖"舞剧、舞蹈诗作品金奖。

2014年（57岁）　　12月，特邀参加北京舞蹈学院建校60周年校友返校庆典活动。

2015年（58岁）　　担任中国民族民间舞考级的考官，并投入承办福建省民族民间舞考级中心的工作。

2016年（59岁）　　担任厦门小白鹭民间舞艺术中心创作的大型舞蹈诗《时节》的艺术总监。2月，母亲张培侠逝世。

2017年（60岁）　　参加在广州汕头举办的全国舞协工作会议。9月，正式退休；同月，特邀参加北京舞蹈学院中国民族民间舞系建系30周年庆典活动。11月，率厦门"老朋友"艺术团参加由中国舞蹈家协会主办的"戴爱莲杯"人人跳全国群众舞蹈展演，荣获"魅力之心"优秀奖。

2018年（61岁）　2月，赴北京参加中国民族民间舞蹈等级考试海内外工作会议。4月，参加厦门市舞蹈家协会第五次代表大会，受聘为厦门市舞蹈家协会荣誉主席。9月，由厦门文联主办的"文艺大讲堂"舞蹈讲座——《走进中国秧歌舞蹈》开讲。

2019年（62岁）　"世界舞蹈日"系列主题活动中《听我说一段舞蹈故事》公益舞蹈讲座走进广东潮州、汕头。4月，参加厦门文艺家赴广西大型采风活动。6月，任厦门"鼓浪国韵"艺术团总顾问。8月，参加由厦门电视台举办的"领读盛典不见不散"大型综艺活动，担任评委。10月，策划、举办第四届"白鹭杯"舞蹈大师课、第四届"白鹭杯"青少年舞蹈节展演活动，举办福建民族民间舞考区海内外优秀机构颁奖仪式暨福建考区服务中心成立仪式。11月，率厦门"老朋友"艺术团赴云南参加"多彩秋韵"第七届中老年文化艺术展演活动。

2020年（63岁）　9月，策划举办首届中国民族民间舞等级考试高级教师培训班；同月，参加由福建省文化和旅游厅主办的福建中青年演员比赛，担任评委。11月，参加由北京舞蹈家协会、中国民族民间舞考级中心主办的2020"走进雨林·相约版纳"傣族、布朗族、基诺族舞蹈大型采风活动。12月，参加中国民族民间舞考级甘肃考区海内外优秀奖项颁奖盛典。

2021年（64岁）　1月，参加中国民族民间舞等级考试"学无止境"福建地区维吾尔族舞蹈开班仪式。2月，任亚太青年文化艺术锦标赛全球总决赛评委。5月，任第十一届厦门市老年文艺调演决赛舞蹈专场评委。6月，在厦门小白鹭民间舞艺术